伝統演劇の破壊者

川上音二郎

岩井眞實

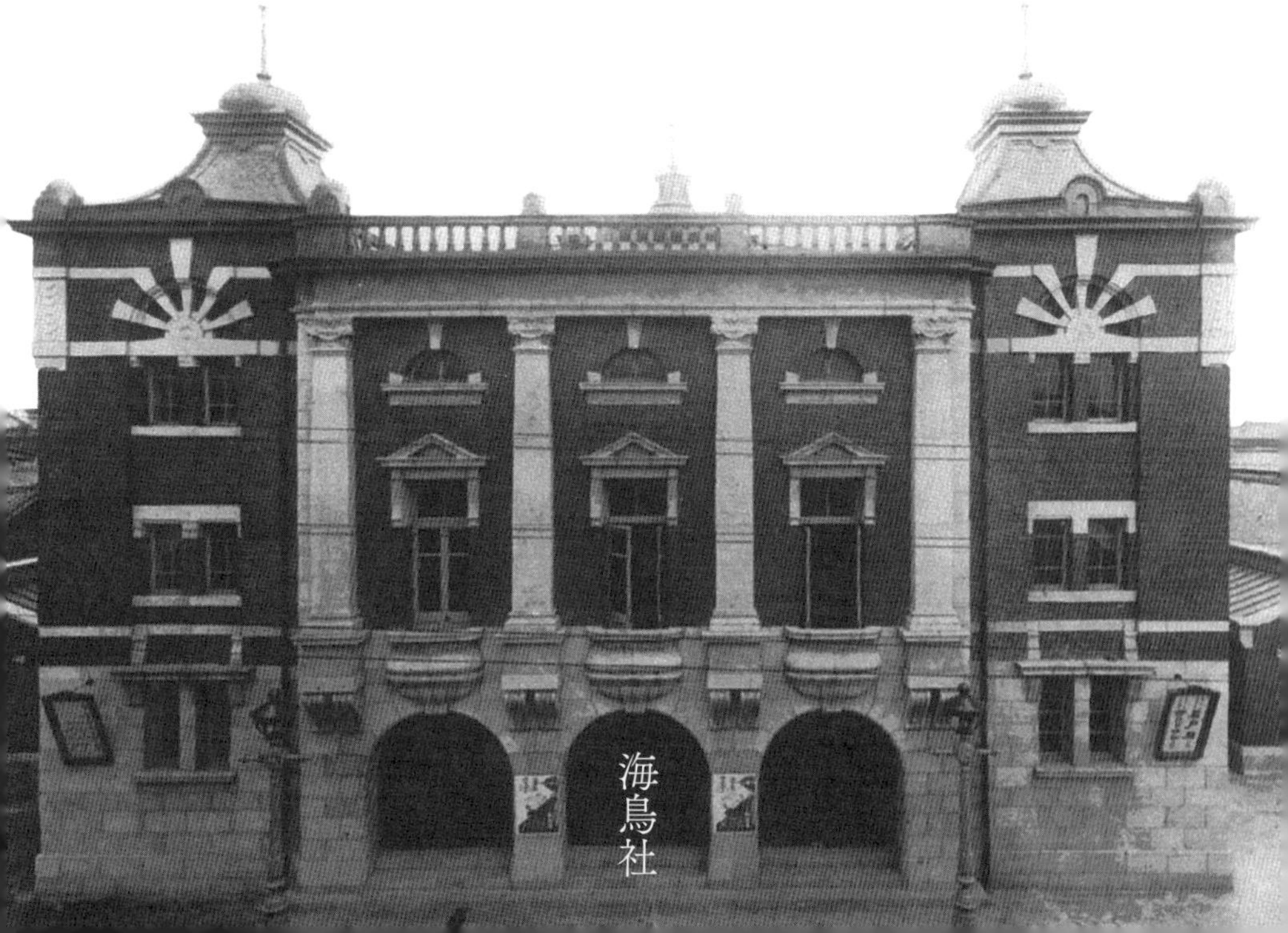

海鳥社

カバー・表紙・扉画像提供・川上晃氏

はじめに

川上音二郎というと、まず連想されるのは「オッペケペー」である。「川上音二郎のオッペケペー」「オッペケペーの川上音二郎」と、川上とオッペケペーは一対で語られることが多いようだ。たしかに「オッペケペー節」は日本近代歌謡史に名を残す大ヒットではある。しかし川上の業績はオッペケペーばかりではない。むしろ波瀾万丈の人生の中で、オッペケペーはほんのひとこまに過ぎない。

川上は日本の近代演劇に新しいジャンルを切り開いた人であった。演劇といえば歌舞伎しかなかった時代に、歌舞伎以外の出身者によって新しい演劇を創造した。川上がいなければ、今日「新派」や「新劇」と呼ばれる演劇はなかったといっても過言ではないし、近代文化史自体が様変わりしていたのではないかとさえ思われるほどである。テレビドラマや映画もまったく別ものになっていたかもしれない。それが良かったのか悪かったのかは後世の判断に委ねるにしても、川上が大きな仕事を成し遂げたことは否定しようがないのである。

ところが川上の偉業についてはほとんど知られていない。教科書に川上の名前が出るとしても、せいぜい日本史の副読本の自由民権運動の項に、「オッペケペー節」の川上音二郎として後ろ鉢巻・陣羽織・軍扇の絵姿が載っている程度だ。むしろそれすら知らない人の方が圧倒的に多いだろう。いくら文化果つる国日本とはいえ、現在の川上に対する扱いはあまりにぞんざいではなかろうか。

もっとも、川上が後世軽んじられたことについては理由がある。川上は常に変革の中心にいるのではなかった。先頭を走り続けたためである。前を走りすぎたためにアウトサイダーに終始した。さらに深刻なことは、川上の業績を上書きしてしまった、あるいはなかったことにしてしまった人たちがいるということである。川上はインテリではない。したがって自分を客観化して説明したり理論武装したりすることには長けていない。また演劇思潮・演劇理論などというものに対する履き違えも少なからずあった。インテリ層は川上のそういう面を嫌った。

おまけに川上には「法螺吹き」と言われる一種の虚言癖があり、そのためになお軽んじられた。ただしその虚言癖が、先頭を走り続けるための自衛手段、あるいは追い詰められた末のテレだとしたら、川上の評価は別のものになるはずである。川上音二郎とはいったい何者なのか。その人生を振り返りながら、川上が成し遂げた巨大な業績を再検証してみよう。

特に博多における川上の動静については、これまであまり触れられることがなかったので、本書では独立した節を設け相応の紙数を割いた。これには二つの理由がある。ひとつは、川上が博多出身であるという至極単純な理由だ。故郷であるからには、川上には博多に相当な思い入れがあるはずで、東京や大阪などの大都市では見せない川上の素顔が伺えると考えるからである。もうひとつの理由は、地方での興行の実態を知ることは、中央のそれを知ることになるという確信からである。特に川上が生涯かけて追い求めた舞台装置と場面転換の問題は、地方からの視点抜きに語ることができない。

すでに川上音二郎については多くの評伝や研究論文がある。

特に白川宣力編著『川上音二郎・貞奴——新聞にみる人物像』（雄松堂出版、一九八五年）は川上音二郎・貞奴関係の新聞記事集成と言える。本書でも博多以外の新聞記事を引用する場合、多くは白川本によったことをことわっておく。

井上理恵による『川上音二郎と貞奴』三部作は、川上音二郎研究の到達点を示している。川上の評伝には、思い入れや先入観によって真実が枉《ま》げられたものが少なくない。井上本はその点大いに信頼でき、本書も井上本に導かれた部分が多い。

その他、本書では多くの先人の業績を参考にしつつ、最新の研究成果を反映できるようつとめた。ただし引用は最小限にとどめた。巻末に参考文献をかかげたのでご参照いただきたい。

資料の引用が必要な場合は、原則として旧字体は現行の字体、旧仮名遣いは新仮名遣いに改め、必要に応じて句読点を加えた。また仮名を漢字に、漢字を仮名になおした部分もある。筆者の判断で注釈を加えるべきは〔　〕に補った。

川上は「音二郎」「音次郎」「音治郎」などと表記されるが、引用をのぞき本書では「音二郎」で統一する。本書に示す年齢は特にことわらないかぎり満年齢とする。

伝統演劇の破壊者　川上音二郎　目次

＊本文中提供表示のない画像は、すべて川上晃氏にご提供いただいた

誕生から博多出奔

巡査時代の川上音二郎（明治15年頃）

不思議な生まれ、不思議な名前

川上音二郎は元治《げんじ》元（一八六四）年元旦に生まれ、明治四四（一九一一）年一一月一一日に亡くなった。天下を取った豊臣秀吉も同じ元旦生まれ、そのうえ川上の場合は元号もあわせて「元」の字が三つ重なる。

元治元年元旦

秀吉の三倍ゲンがいいという理屈だ。

ついでに元号によって生没年月日を並べてみると、次のようになる。

（生）1・1・1 → （没）44・11・11

この妙な数字の符合は、川上音二郎という人物が特別な人物ではないかということをわれわれに予感させる。

しかし元号は年の途中に改元されるから「元年元旦」生まれということは実際にはあり得ない。たとえば同じ二〇一九年生まれでも、四月までは「平成三一年生まれ」、五月以降は「令和元年生まれ」だ。「元治」は二月二〇日に「文久」から改元されたから、川上は正確には「文久四年元旦」生まれということになる。

そこであらためて数字を並べなおす。

（生）4・1・1 → （没）44・11・11

またもや数字は妙な符合を見せ始める。やはり川上は特別な人物なのか。

もっとも、明治五年一二月に旧暦から新暦に移行したから、生年は旧暦で没年は新暦、数字合わせはあくまで数字合わせだ。しかも実は川上は元旦生まれではないという説が有力である。一説に一月一八日生まれだという。豊臣秀吉の元旦生まれが俗説であるのと同じように。当時は戸籍法にあたるものがなかったので、本人はそれで通し、また世間もよしとしてきたのだろう。

ついでにいうと「音二郎」は本名ではない。「音吉」が正しいという。

考えてみれば「音二郎」とは奇妙な名前ではないか。「音」は「おとうと」「いもうと」を示す「乙《おと》」「弟《おと》」に通じる。「浦島太郎」に登場する竜宮城の乙姫《おとひめ》は妹姫だ。その「乙」に「二郎」を重ねるのは「ミスター・マン」というようなもので、あまりに念が入りすぎている。

数字合わせや名前の問題など、一般には些細なことかもしれない。しかし相手が川上音二郎となると事情は違ってくる。われわれは、川上音二郎という人間について知れば知るほど、人智を越えた存在――たとえば神とか悪魔とか――を感じずにはいられなくなるからだ。

これから語ろうとするのは、「波瀾万丈」などというありきたりの言葉では言いつくせない、冒険活劇のような、あるいはマンガのような川上の人生ドラマである。

ただし注意すべきことがある。このドラマのニュースソースのかなりの部分は、川上本人の談話によっている。そしてそこには多くの嘘が混在するのである。法螺《ほら》と言い換えてもよい。しかも法螺を吹く当人は、いたって大真面目だから始末が悪い。そこが川上音二郎という人間のたまらない魅力であり、逆に後世軽んじられた理由のひとつでもあった。

その法螺をさっ引いて考えても、あるいは併せて見積もってもよい。川上音二郎が近代演劇史に残した巨大な足跡はまぎれもない事実だ。正当に川上音二郎を再評価しなければならない。適度にその術中にはまったふりをしながら。

幼年時代

あらためて言いなおす。

「川上音二郎」と呼ばれる人物は、文久四（一八六四）年元日頃、博多中対馬小路《なかつましょうじ》に生まれた。父は川上専蔵、母はヒサ、上に兄と姉があり、下に弟二人と妹が一人いる。音二郎（あるいは音吉）は次男である。

川上家は、代々四国産の藍玉（藍染の原料）を船で運ぶことを家業にしていた。屋号は「紺屋」である。藍玉を福岡藩黒田家に上納し、苗字帯刀を許されたというから、家柄としては由緒正しい。音二郎の祖父・弥作は、藍玉を運ぶかたわら香川・徳島名産の和三盆の卸売りにも手を拡げた。和三盆は高級和菓子に用いられる上質の砂糖で、藍玉よりこちらが弥作の本業になったようだ。また、父・専蔵は石炭卸売を兼ねる船問屋業を営んで、まだ現役だった弥作以上の利益を上げた。

このように、川上は裕福な博多商人の家庭に生まれた。父・専蔵は遊び人で、芸ごと、特に鼓の腕は玄人はだしだったらしい。福岡藩の御用商人であった時代はそれでよかった。しかし明治維新にともなう明治二（一八六九）年の版籍奉還と明治四年の廃藩置県によって、川上家の家運は衰退していく。それでも専蔵の道楽はやまなかった。鼓の腕を買われて博多ニワカの「鬼若組」に属し、お囃子をつとめたという。博多ニワカは現在のような一口ニワカでなく、「段物」という劇仕立ての長いものが主流だった。題材は三面記事風のもの、はては政治風刺にも及ぶが、基本的には歌舞伎などのパロディーとみていい。博多ニワカに限らず、全国に点在するニワカはパロディー劇である。

そのパロディーの大もとの歌舞伎だが、博多には常設の劇場はなく、専属の一座もなかった。歌舞伎の一座は大阪や京都から巡業してきた。明治七年頃までは博多には常設の劇場がなかったので、神社の境内や空き地に仮小屋を建てて興行した。その期間が過ぎると、仮小屋は取り壊された。博多の人びとはその巡業を楽しみに待つ。ましてスターのいる大一座となると、その熱狂ぶりはひととおりではなかった。

川上も、その熱狂をまのあたりにしたひとりである。川上はのちに幼い頃の記憶を次のように述べている。

私が十歳の時、今年四十七歳になりますから三十七、八年前です。右団治が当地に来ました頃、お櫛《くし》田《だ》様〔櫛田神社〕の向こうの空地に藁葺《わらぶき》の仮小屋が出来ましたが、俳優は箱崎口から女形《おやま》、立役《たちやく》等皆化粧して鬘《かづら》を着け、籠《かご》で乗り込んだものです。私どもは石堂橋のところまでそれを見に参りました。その頃博多の女連は右団治の通った跡を歩きたいぐらいで、その上気《のぼ》せ方は本願寺の門跡《もんぜき》を見るのも同様です。その時の十歳の鼻垂《はなたれ》坊主が、今役者でいるのは妙です。

（『福岡日日新聞』明治四三〈一九一〇〉年一一月二二日）

歌舞伎役者は巡業地に着くと、まず籠に乗って町廻りをした。のちには人力車も用いられるが、籠の方が格上だったらしい。一座は幟《のぼり》を立てて町を回る。ラジオもテレビもなく、新聞の情報も確実ではなかった当時、この町廻りが興行の始まりを告げる唯一の宣伝方法だった。この町廻りのことを「顔見世（顔見世）」と呼んでいた。宣伝であると同時にご当地へのご挨拶であり、一座の顔ぶれを見せる行事でもあった。なにより庶民にとっては、劇場に行かなくとも人気役者の顔が見られるチャンスなのだ。

ところで右の引用文中にいう「右団治」とは初代市川右団次《うだんじ》（一八四三—一九一六年、のち初代斎入《さいにゅう》）、明治初期を代表する関西の歌舞伎役者である。幕末に江戸で名人といわれた四代目市川小団次の実子で、高い身体能力を活かしたケレン（早替わりや宙乗り）を得意とし、また新しいものを採り入れることについても積極的だった。のちに述べる中村宗十郎（一八三五—一八八九年）と並び称される関西の大物である。

右団次はしばしば博多に巡業した。当地では馴染みの役者だが、芝居番付（いまでいうポスター、チラシ）等の資料から、右団次が櫛田神社の仮小屋で興行したのは明治五年五月、音二郎が八歳（数え年九歳）のときのことだと推定される。

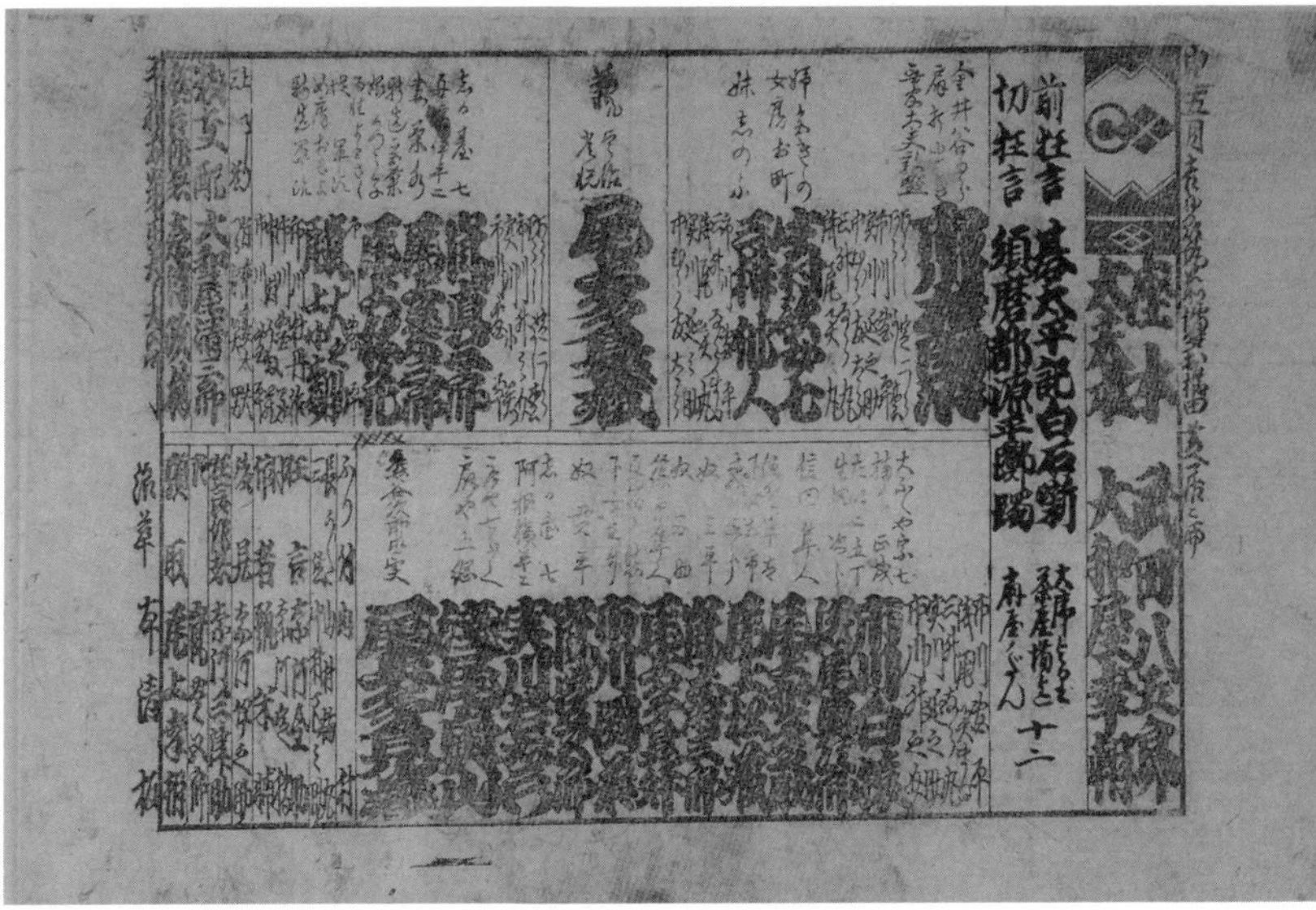

明治５年５月、筑前博多お櫛田芝居・市川右団治一座番付（福岡市博物館所蔵）

音二郎少年は、スター右団次をあこがれのまなざしで見たのだろう。「本願寺の門跡」は「生き仏さま」にも等しい。このとき川上が右団次の舞台を実際に観たかどうかはさだかでないが、地元の熱狂ぶりから俳優というものに対する羨望の念を感じたことは間違いない。のちに川上と演劇を結びつける芽は、すでにこのあたりにあったのかもしれない。ただし、当時演劇といえば歌舞伎以外にはなく、歌舞伎役者以外の人間が演劇をするなど考えられなかった。もちろん川上も、まさか自分が役者になるなどとは思いもしなかっただろう。ましてや自分が新しい演劇のパイオニアになるなどとは。

ところで、川上の父・専蔵が芸ごとにうつつをぬかしていたのとは対照的に、母のヒサは堅実な性格だった。幼い川上は、学問好きの母に背負われて、毎日学問所に連れて行かれたという。また、夜はこよりに蠟《ろう》をひいたものに火をともして読み書きをし、別に絵の稽古をしたり剣術の稽古をしたりした。すべて母のヒサがそうさせたのだ。

ヒサは常々、「お父さんがあのとおりだから、ここにいると芸好きになって駄目だから、なんでも博多を出た方がいい」と言って、それから昔の豪傑の話などを聞かせて立身出世をうながした。

ヒサは川上が満一三歳のときに病気で亡くなった。そして川上はその「いいつけ」を守って博多を出奔する。

しかしこの息子は、まぎれもなく父の血をひいていた。

博多出奔

母が亡くなった明治一〇（一八七七）年、川上少年は家族に内緒で博多港から大阪行きの汽船に乗り込んだ。貨物室に隠れて小さくなっていたが、腹が減って甲板に出たところを水夫に捕まり、船長室に連れて行かれる。その船長というのが、偶然にも川上の父と親しい人物だった。すでに船が出帆していることもあり、大阪まで乗せてもらうこととなった。大阪に着くと、船長は川上を安治川《あじ》（淀川の下流のひとつ）河口の安宿に泊めておいて、博多の親許に電報を打った。川上は連れ戻されることを恐れ、宿を飛び出す。安治川の八軒屋の船着き場から三十石船に乗って淀川を上り、伏見に着いたときには懐には天保銭一枚よりなかった。かけそば一杯が食べられる程度である。そこから京都に出て、さらに東海道を無銭旅行して、ようよう東京にたどり着いた。

東京に着くと、葭町《よしちょう》の千束屋《ちづかや》という桂庵《けいあん》（職業斡旋業）へ行き、紹介された奉公先をたずね歩くが、どこも雇ってくれない。腹が減って芝の増上寺のお供物を失敬しているうちに寺の僧侶に見つかった。散々打ちたたかれたが、わけを話すと同情してくれて、飯だけは食わせてやると言われるままに、小僧をして半年ばかり暮らした。

この増上寺で犬を連れて境内を散歩していた福沢諭吉と出会う。これが縁で川上は慶応義塾の学僕となる。学僕とは、雑用をしながらただで学問ができるという身分である。ところが夜遊びをする学生たちの門限破りに加担して賄賂をもらったり、文具や辞書をくすねては質屋で金に換えたりしたので、結局退校を命ぜられた。福沢は川上に「貴様は到底人間になれる代物ではない」と言った。のちに福沢が川上の芝居を観に来てその話になり、大笑いになったという。

その後、二円五〇銭の月給で東京裁判所の給仕となった。日雇いの日当が二〇銭程度の時代だから、かなりの安月給である。川上は増給願いを出したりストライキをしたりして抵抗した。上司の課長が、竹の皮に包んだ牛肉の佃煮を机の引き出しに入れて毎日ちびちび食べているのを見て、それをくすねて免職となる。

東京もつまらなくなったので大阪をこころざす。こうもり傘の直し屋の道具が売りに出ていたのをさいわい、傘直し屋をしながら東海道を下る。傘直しには「張り替え」と「色揚げ」があるが、張り替えは腕が要るので、絵の具を買いこんで色揚げ専門の商売をした。安値で請け負うので客はついた。色揚げは傘が乾いてしまうとあらが出るので、濡れているうちに代金をもらって逃げ出した。

大阪に着いたあと一旦博多に戻り、新規募集の巡査になった。ときに明治一四年、満一七歳である。その頃は成年に達しない者でも巡査になることができた。一説に、その後京都でも川上は巡査になったという。

と、つらつら語ってきたが、以上のことがらはすべて聞き書きをもとにしていて、確実な根拠はない。数ある伝記のうち一〇代の川上に関する記述のほとんどは、もとをたどれば伊原青々園《せいせいえん》（敏郎）が雑誌『新小説』に明治三五年三月に掲載した「川上音二郎」（「壮士芝居の歴史」）という文章に行き着く。青々園は日本演劇史研究の元祖のような人物だから嘘をつくはずはないが、ニュースソースのほとんどが川上本人からの聞き書きだから始末に負えない。

ほかに博多で巡査をした件については、巡査の川上にぜんざいを奢ってもらったという人や、石堂橋近くの交番にいたと証言する古老がある。巡査時代の写真が残っている。博多か京都か判別はできない。まだあどけない、最も若い川上の写真である。

それにしても、川上のような男が巡査になどなれたのだろうか。

森鷗外の小説『ヰタ・セクスアリス』（一九〇九年）に、安達という放埒者《ほうらつもの》が退学になり、巡査になったというくだりがある。鷗外は川上の二歳年上、『ヰタ・セクスアリス』は鷗外の自伝的小説ともとれるから、状況は川上の少年時代と重なる。当時の巡査は江戸時代の岡っ引や下っ引と少しも変わらず、ならず者の商売であったのかもしれない。角藤定憲《すどうさだのり》・笠井栄次郎・佐藤歳三・静間小四郎など、自由民権の壮士から演劇の世界に入った者の中にも巡査出身者が多い。

角藤定憲は、明治二一年一二月に大阪・新町座で日本改良演劇の一座を旗揚げして、通説では「新派《しんぱ》の祖」と言われている人物である。「新派」、つまり歌舞伎役者以外の人間による演劇の最初というのである。あくまで「通説」であって実際は川上の方が先であるが、これはあとで述べる。笠井栄次郎は角藤の旗揚げメンバーである。佐藤歳三は川上一座の初期のメンバーであり、角藤一座に加わったこともある。静間小四郎も川上一座に参加したことがあった。

彼らが巡査になったのは、官費を支給されて勉学ができたからだという。となると、壮士の予備群の受け皿が巡査ということになる。巡査と壮士、敵対する関係が実は同じ根っこでつながっていたわけだ。

そして川上音二郎もまた、自由民権運動の壮士として名を上げることになる。

自由民権運動の壮士

「勧業博覧会館内一覧之図」

自由民権運動とは

川上音二郎が巡査ののち、「自由民権運動の壮士」となったと先に述べた。これは様々な意味でカッコ付きの「自由民権運動」の「壮士」である。

そもそも自由民権運動とはなにか。どのように始まりどのような展開を見せたのか。その経緯を明確にしておかなければ、肝心の川上についてもとんでもない履き違えをすることになる。

ことの起こりは明治六（一八七三）年一〇月である。日本に対し侮辱的態度を取る韓国に対し、西郷隆盛・板垣退助らによる、いわゆる「征韓論」が起こる。征韓論は退けられ、西郷隆盛・板垣退助・後藤象二郎・江藤新平・副島種臣は政府の要職・参議を辞して下野した。このうち西郷を除く四人は日本最初の政党「愛国公党」を結成し、「民撰議院設立建白書」に署名して議会開設を要求する態度を表明する。

簡単に言うならば、自分たちにも政治的発言権を認めよということである。彼らは明治維新の功労者であった。特に西郷と板垣は戊辰戦争の英雄である。戊辰戦争によって徳川家および旧幕府勢力は排除され、藩閥政府は確立されたのだから、その英雄が冷や飯を食わされるいわれはない。

そして彼らの背後には多くの不平士族がぶら下がっていた。

明治七年二月、「建白書」提出の数日前、江藤新平は不平士族を鎮めるために故郷佐賀に戻った。そしてミイラ取りがミイラになった。江藤は佐賀の乱の首領にまつりあげられて死刑になる。

西郷隆盛は、五人の参議のうち、ひとり鹿児島に戻って中央政府と距離をおいていたが、これも不平士族を束ねる結果となる。西郷は明治一〇年、維新後最大の内乱・西南戦争を起こして敗れた。

政治の実権を握る藩閥政府への異議申し立てという意味において、議会開設を求める自由民権運動と不平士族の乱は、根は同じである。そして不平士族の乱が鎮圧されれば、あとは自由民権運動へと展開するしか道は残されていない。

明治一四年一〇月、政府にとどまっていた大隈重信が政争に敗れ下野した。いわゆる「明治一四年の政変」である。この時点で明治維新の「三傑」はすでにいない。西郷隆盛は西南戦争で敗れ、木戸孝允はその最中に病に倒れ、大久保利通は西南戦争の翌年、明治一一年に暗殺された。残った薩長藩閥のうち、急速に権力を手にするのが伊藤博文である。伊藤はのちに川上音二郎が書生芝居をおこした際、その後ろ盾となる。自由民権運動は結果的に「反伊藤の運動」であったと言ってさしつかえないから、自由民権の壮士から出発した川上が伊藤にすり寄り利用するのは自己矛盾もはなはだしい。しかし川上はそのことに終生気づかなかった。それほど川上は、運動の中心から遠いところにいたのだから。

話を明治一四年にもどす。この前後から、全国に様々な政党が発足し、言論機関としての新聞が創刊される。まず明治一四年年九月に大阪で近畿自由党が、一〇月には東京で板垣退助を総裁とする自由党が発足する。また一一月には近畿自由党が立憲政党と党名変更し、自由党の別働隊となる。翌一五年三月には九州改進党、そして四月には大隈重信の立憲改進党が発足することとなる。自由党・立憲政党・九州改進党・立憲改進党のいわゆる「四大政党」は、互いに共闘しながら運動を展開した。主な言論の場は演説会だったが、新聞の果たす役割も大きかった。

明治一五年九月の時点で次のような新聞が全国に乱立した。

「漸進主義」立憲帝政党の機関紙『東京日日新聞』など政府寄りの二一紙
「改進主義」立憲改進党の機関紙『郵便報知新聞』『大坂新報』など一八紙
「自由主義」自由党の機関紙『自由新聞』『絵入自由新聞』、立憲政党の機関紙『立憲政党新聞』など一五紙

あとのふたつが民権派の新聞である。反政府の「民党」と呼ばれる四大政党と民権派の新聞は連携して運動を行った。新聞は言論機関であると同時に、演説会を主催し、あるいは告知した。また記者自らが演説遣い（弁士。「演舌遣い」とも）となって壇上に立った。明治一五年頃から、頻繁に劇場が演説会に使用されるようになる。劇場の収容定員は小さいものでも一〇〇〇名、大きいものになると二〇〇〇名前後だと考えていいだろう。演説会の集客能力がわかる。

とはいえ、この明治一五年が運動のひとつのピークだったのではなかろうか。民権派の新聞は次々と発行停止の憂き目を見、四大政党の蜜月時代も続かなかった。自由党と立憲改進党の中傷合戦が始まった。外部に仕掛け人がいたはずだ。自由党内部でも、一一月に洋行した板垣に対する批判が起き、党は求心力を失いつつあった。この洋行は国費によるもので、板垣を党から引き剝がすための伊藤博文の策略だった。

前後して急進派による福島事件・高田事件・群馬事件・加波山《かばさん》事件・飯田事件・秩父事件・名古屋事件など、各地でいわゆる「激化事件」が頻発した。農村は困窮していた。明治一四年の政変で大隈にかわって大蔵卿となった松方正義が緊縮財政に転じ、それがデフレーションを招き、社会は極端な不況となった

からである。激化事件を起こした急進派の中には、したがって真剣に農民を救おうとする壮士も多く存在する。このように、自由民権運動はいくつもの層にわかれるのである。

明治一七年一〇月、制御不能となった自由党は解散する。明治二三年の第一回総選挙で多数を占めた自由党（当初「立憲自由党」）はやはり板垣を総裁とするが、これは厳密には別ものとみてよい。

ところで洋行前の明治一五年四月、板垣は岐阜で暴漢・相原尚褧《しょうけい》に短刀で襲われ重傷を負う。「板垣死すとも自由は死せず」で有名な岐阜遭難事件である。そしてこの年、のちにこの事件を演劇に仕組むことになる川上音二郎の名がメディアに登場する。

演説遣い

明治一五（一八八二）年七月一八日と一九日の両日、『日本立憲政党新聞』に次の広告が出た。いわく「このたび立志社を設立し、『立志雑誌』を発行しようと思うので、同意される方は今月三〇日までにご来談いただきたい」。「発行総代人」は大阪府曽根崎新地一丁目の「川上音二郎」と「堤喜一郎」である。これがいまのところ川上音二郎の名が記録に現れる最初である。その後「立志社」も「立志雑誌」も出てこないことをみると、この計画は立ち消えになったようだ。具体的内容については知るよしもない。

ほぼ同じ時期、川上音二郎は活動家の群れに身を投じ、演説遣い、すなわち弁士としてのキャリアをスタートしていた。

記録から確認できる最も早い具体的な活動は明治一五年一一月一一日と一二日、場所は三重県桑名である。

川上は「立憲政党」の一員と称して、甲田良造《こうだようぞう》・原猪作《いさく》とともに伊勢から桑名にかけて遊説した。桑名で演説会を行ったあと、一四日に名古屋に入る。大阪から近江、伊賀、伊勢そして名古屋というのが遊説のルートのひとつだったから、川上の演説遣いとしてのキャリアはそれよりもう少しさかのぼって考えることができるだろう。「立志雑誌」「立志社」の件が七月、これを断念してあわだだしく遊説に合流したということか。

甲田・原・川上の三名は、一一月一五日と一六日に名古屋の繁華街大須《おおす》の寄席・花笑亭《かしょうてい》で催される「政談演説会」に弁士として登場することになっていた。この演説会は『愛知新聞』との合同開催である。立憲政党は自由党の別働隊、『愛知新聞』は立憲改進党系であるから、まだ両党の関係は良好だったということだ。

弁士と論題は次のとおり新聞に予告された（論題の一番目が一五日分、二番目が一六日分であろう）。

渡部虎太郎（愛知新聞）「名誉と財産の関係」「吾人の進路」（ただし学術演説）
川上音二郎（立憲政党）「不備不具の人となるなかれ」「先んずれば人を制し後るれば人に制せらる」
石黒　盤《ばん》（愛知新聞）「政談は極端に走るを恐るるの論」「政府の職任自《おのず》から制限あり」
原　猪作（立憲政党）「内外政略」「官民の関係」
甲田　良造（立憲政党）「忠を王室に尽し義を国民に竭《つく》せ」「政治は多きを要せず」

一一月一五日午後六時に演説会は始まった。午後一二時まで六時間の長丁場だ。まず『愛知新聞』社員の渡部虎太郎が登壇し、「名誉と財産の関係」という論題で学術演説を行った。「政談演説」ではなく「学術演説」なのは、渡部が未成年（満二〇歳未満）だったことと関係がある。これについてはのちに述べる。

渡部虎太郎のあと、二番手として川上が壇上に登場した。論題はなぜか予告した「不備不具の人となるなかれ」から「立憲政体を論ず」に変更された。演説が終わりにさしかかったころ、臨監《りんかん》の警察官が演説を止めた。「臨監」とは、演説会や興行などに警察官が立ち会って監視する制度である。川上の演説の内容が「公安妨害」の疑いがあるというので、警察官は演説会全体の中止解散を命じた。そのとき会場にいた聴衆はまだ一〇〇名程度に過ぎなかった。聴衆は次々と遅れて入って来ては、事情を知って帰って行った。この演説会は三銭の入場料を取っており、すでに前売りを買っていた者も多かったと思われる。一五日の演説会が中止解散となったので、翌一六日の演説会もなくなった。弁士たちは改めて演説会を開催し、埋め合わせをすることにした。

川上の演説によって政談演説会が中止解散を命じられた件については、「集会条例」がその根拠となっている。

「集会条例」は明治一三年四月に布告された。自由民権運動が国会開設誓願運動となって全国的な拡がりを見せた年である。運動の主な手段は先に述べたとおり新聞と演説会である。新聞等著作物に対しては明治八年に「讒謗律《ざんぼうりつ》」と「新聞紙条例」が布告されていたから、演説会に対する「集会条例」によって言論統制はより強固になった。

「集会条例」の主な内容は次のとおりである。

・政談演説会を開催するには事前に警察署にその内容を届け出て許可を得なければならない。
・警察署は会場に制服の警察官を派遣し監視させることができる。つまり臨監である。
・派遣された警察官は、演説者が届出にない事項を話した場合、国の安全に害ありと認められた場合には会全体を解散させることができる。

「集会条例」の布告にもかかわらず、政談演説会は劇場をも使用した大規模なものとなり、その回数も条例布告の明治一三年から明治一五年にかけて倍増した。このため、明治一五年六月、政府は「集会条例」を次のように追加改正する。

・政治結社の届出がなくとも、内容が政治的であれば政治結社とみなす。
・一旦届出を受理した演説会でも後に警察署の判断で取り消すことができる。
・地方長官（東京は警視長官）は、演説者に対しその管内における一年以内の演説禁止を言い渡すことができる。
・内務卿（当時の総理大臣にあたる）は、演説者に対し全国における一年以内の演説禁止を言い渡すことができる。
・政治結社が支社を置いたり他の社と連絡しあったりすることを禁止する。

川上が臨監の警察官から演説の中止を命じられたのは、演説の内容が「国の安全に害あり」とみなされたからである。また、警察官は川上ひとりではなく会全体の解散権も持っていたから、名古屋での政談演説会もその場で中止解散となった。

なお、のちに川上は滋賀県内で一年間の演説禁止を命ぜられたり、あげくには全国で一年間の演説禁止の憂き目にあったりする。これも改正「集会条例」による。

若き運動家たち

川上音二郎が名古屋に登場したのは明治一五（一八八二）年一一月、川上は満一八歳であった。

このとき、川上はもうひとつの青春に出会う。一五日、川上の前に登壇した渡部虎太郎、川上より三歳下の弱冠一五歳である。『愛知新聞』仮編集長だった。未成年を編集長または仮編集長に置くのは新聞の常套手段である。いざというとき未成年なら罪が軽くて済むというのが理由だ。ただし渡部はただの飾り物ではなく、『愛知新聞』の顔ともいうべき論客だった。

若手の論客は珍しくはない。明治一五年四月、政談演説会に登場した岸田俊子（とし女）は文久三（一八六三）年生まれ、川上より一歳年長である。一七歳で宮中に出仕して皇后に漢学を進講するなど、早熟な才能を見せた。その後は自由民権運動に加わり、のち立憲政党総裁で自由党副総裁の中島信行夫人となった。著作家・中島湘煙《しょうえん》の名でも知られる。川上も岸田俊子の演説を目のあたりにしていたはずだ。

女性運動家として岸田俊子と双璧をなすのが景山英子《ひでこ》（のち福田英子）である。慶応元（一八六五）年生まれ、川上の一歳下である。岡山で一五歳から小学校の助教をしていた。明治一四年に岡山に遊説した岸田俊子に触発されて運動に身を投じた。まだ明治一五年の時点で表舞台には現れていないが、明治一八年、激化事件のひとつ大阪事件に関与して投獄され、運動家として名を売った。明治二二年、景山が釈放されて郷里の岡山に凱旋した際、巡業中だった川上は景山を表敬訪問して、けんもほろろの扱いを受けている。あこがれと嫉妬の入り交じったまなざしを、川上は同年代の若き運動家たちに注いだに違いない。

若き渡部虎太郎に話を戻す。川上が名古屋に遊説した二ヶ月前の明治一五年九月のことである。一八日と一九日、名古屋大須境内の真本座で「政談大演説会」が開催された。渡部はその幹事であり、弁士一六名のひとりでもあった。会場には二千七、八百名もの聴衆が詰めかけた。その数日前、渡部は警察署に呼び出され、未成年であることを理由に「政事〔政治〕並びに学術に関する」演説の禁止を言い渡される。演説会があとに控えていたのでその場は引き下がった。しかし未成年だからといって政談を禁止される例など聞いたことがない。渡部は後日、愛知県令（いまでいう県知事）に文書で問いただす。返答にいわく「未成年の政談を禁止するのは愛知県独自の規則である」。また「政談は禁止だが学術はこの限りではない」と。規則が、いかに権力者による思いつきであったかがわかる。未成年の政談禁止は、もちろん愛知県だけのローカルルールである。

一一月一五日の演説会で、渡部ひとりが「学術演説」の名目で「名誉と財産の関係」を論じたのはこうした経緯からであった。渡部は立派に演説をやりおおせたに違いない。そして川上は演題を「不備不具の人となるなかれ」から「立憲政体を論ず」に急遽変更した。想像の域を出ないが、三歳も年下の渡部に対抗するためには「不備不具の人」なんぞではいけない、「立憲政体」ぐらいでなければ、ということだったのだろう。

その結果、演説会は中止命令を受ける。理由は川上の演説の内容が国の安全に害ありとされたからだが、演題の変更を届け出ていなかったなら、やはり「集会条例」違反である。さらにこのあと、川上が未成年であることが発覚し、渡部虎太郎同様の規則が川上にも適用されることとなる。政談演説ができなくなった川上は、翌明治一六年一月に「滑稽演説珍々会」を開くと新聞に予告する。これが実現したかどうかは不明である。

ところで川上が甲田良造・原猪作とともに名古屋入りしたことはすでに述べたが、川上は格からすると三番手であった。甲田良造は立憲政党の結党以来の幹部であり、大阪政談演説会の中心人物として毎週のように登壇し、また多岐にわたる分野の著書を残している。もうひとりの原猪作も甲田とともに演説会に登壇することがしばしばだった。たとえば明治一五年四月一日、大阪・朝日座で開かれた「立憲政党政談演説会」では、立憲政党総裁の中島信行を筆頭に、民撰議院設立建白書の起草にあたった古沢滋《うろう》ならびに小室信介、田口謙吉・土居通豫《みちまさ》・児島忠里など、錚々たる幹部連中が顔を揃えた。甲田・原の両名も名を連ねている。中心メンバーといってよい。ちなみに先にふれた岸田俊子もこのとき登壇した。つまり明治一五年の時点では、甲田・原に比べれば川上は見習い程度の立場である。

ところで甲田良造に多彩な文筆の才があることは述べたが、名古屋入りの一ヶ月前に著書『立憲政体論』を出版したばかりだった。川上は演題を「不備不具の人となるなかれ」から「立憲政体を論ず」に急遽変更した。タイトルが似ている。

ついでながら、このときの名古屋における原猪作の演題のひとつは「官民の関係」であった。翌明治一六年七月、川上が「自由童子」と名乗って登場した京都・南座（南側劇場）での演説会の演題も、やはり同じ「官民の関係」である。それ以前にも似たようなタイトルのものが見うけられる。

川上音二郎という人には、どうも人のものを失敬する傾向があるらしい。言い方が適当でないなら言い直そう。川上には人のものをうまくアレンジして再生産する才能があるらしい。のちに述べるが、かの有名な「オッペケペー節」も川上のオリジナルではない。落語家の桂藤兵衛が始めて京阪一円の落語家の間で広まったものを、川上がさも専売特許のように東京で売り出したのである。川上の成功の芽は、名古屋にあった。

自由童子

川上音二郎は「立憲政党」の一員と称して名古屋に遊説したのだが、実は川上は立憲政党員ではなかったと思われる。立憲政党は、党員名簿を公開していなかった。党の全体像をあいまいにして無用の干渉を避けるためである。しかし当局に命ぜられて、名簿を『日本立憲政党新聞』に掲載する。その中に川上の名は見いだせない。もっとも川上ごとき末端の演説遣いが党員である必要もないのだ。

結論めいたことを言えば、川上は立憲政党員ではなく、また自由党員でもない。証拠が見あたらないのだ。のちに川上は演説遣いとして特異な地位を占め、さも自由党員のごとく振る舞い、また自由党もよしとした。それだけの話ではなかろうか。

さて、明治一五（一八八二）年一一月に名古屋でひと悶着起こした川上は、翌年京都に現れる。明治一六年一月二五日、新京極の道場芝居で「善美なる政体を確立せんと欲せば、宜しく大戦争を為すべし」という演説をした。一〇分ほど演説したのち自ら閉会を告げた。臨監に止められるのではなく自ら壇を降りる話など聞いたことがない。会場は騒然となった（倉田喜弘『近代劇のあけぼの』）。

二月一日、大津・四の宮劇場で「政談演説会」を主催した。三〇〇人の聴衆が詰めかけた。なかなか演説が始まらないので聴衆が手を打って弁士の登場を促すと、午後九時になって川上が壇上に現れ挨拶をした。

今夜は六、七名の同志者も出席するはずのところ、僕と外一名の外は京都に於て少し紛転を生じし由にて、再三来会を促せども遂に来らず〔略〕。欠席の五名に代わるの精神を以て、音声の続くだけは拙弁を揮うべし。

（『朝野新聞』二月八日）

まず官と民が互いに権利を主張し合う現状を、鼠と猫の争いにたとえて面白おかしく話す。勢い余って「余りに前口上が長いと、かの時間に制限もあれば、それ警察官ではない、時間が圧制しますから、これより本題にとりかかるべし」と言ったところで、届け出以外の事項を論じたとして、臨監の警官が演説会の中止解散を命じた。川上は「これは前口上だから、それを中止する法はない」と反論して、押し問答になる。警官は、文句があるなら警察で言えと言う。川上は、三日以内には演説会を無料で開催すると聴衆に約束して大津警察署に連行された。

やや詳しく述べたのには訳がある。この話、少しできすぎのような気がするのだ。川上は弁士としてはまだ駆け出しのはずで、単独で三〇〇人の客を集めるのは難しいと考えるのが自然だ。実は急遽来られなくなったという五名の弁士は最初から来る予定はなく、客寄せに使われたのではないか。川上ともうひとりの弁士（島本敬次郎と思われる）のふたりしかいなかったのではないか。前口上の段階で臨監の警官を刺激したのも計算のうちかもしれない。六、七名分の演説をひとりふたりでまかなえるほどの腕もなかろう。川上の目的は演説そのものではなく、拘引されて箔《はく》をつけることにあったのではないか。そう考えると、一月の道場芝居を一〇分で降壇したこととつじつまが合う。一般的に、聴衆も小難しい政談演説の内容はほとんど理解できなかったというから、この方が却って喜ばれたかもしれない。なお通常演説会は入場料を取った。ある程度聴衆が集まれば、途中解散したとて弁士に実害はない。

翌二月二日、川上は滋賀県管内において一年間、公然と政治を講談論議することを禁じられた。例の改正「集会条例」が適用されたのである。この厳しい処分も、あるいは計算のうちだったのかもしれない。「政談」でなければ大丈夫だろうと、翌二月三日から「滑稽演説会」なる会を開催した。二月六日、川上が演説を一題終えて休憩中のことである。聴衆の中から羽織袴に高帽の人物が近寄ってきて、なにか談判したとみるや、いきなり「こやつを拘引せよ」と大声で叫ぶと、あちこちから五人一〇人と警官が群れ出て川上を連れ去った。臨監とは別に役人が聴衆に紛れて監視していたのである。これを「探偵吏《たんていり》」という。

次に「学術演説会」というものを開いた。大津裁判所はこれも「政談」とみなし、川上を禁錮一五日と罰金五円に処した。相棒の島本敬次郎も罰金五円に処せられた。二月二七日のことである。

明治一六年三月一五日、立憲政党は解党決議を行う。川上が禁錮刑を終えた直後である。川上はその影響を受けてもいないし、むろん与えてもいない。

滋賀県では演説ができないので、川上は活動の拠点を京都に移した。

同年七月四日、京都・北側劇場で「仏教耶蘇　大相撲演説会」を催し、七月七日と八日には向かい側の南側劇場で政談演説会を開いた。このときすでに「自由童子」を名乗っている。原猪作の「官民の関係」を弁じたのはこのときだ。弁士の中には、前年七月に川上と「立志社」「立志雑誌」を始めようとした堤喜一郎の名も見える。川上は演説の終わりに民権数え唄の「一ットセ節」を歌った。「二ットセ、不自由極むる世の中も、是も官ちゃんが為すわざぞ、コノにくらしや」と歌ったところで臨監に中止解散を命ぜられた。

南側劇場は現存する京都四条の南座のことで、日本で最も由緒正しい大劇場である。また四条通をはさんだ向かい側の北側劇場も南座に匹敵する大劇場であった。川上は、大劇場で演説会を開催できるまでになっていた。

「自由童子」を名乗る明治一六年七月から八月にかけて、川上は京都各地で演説会を開催した。あくまで印象だが、二、三日に一回というようなペースではなかっただろうか。開演時刻はいずれも午後八時頃である。劇場が歌舞伎興行でふさがっているとしても、それは昼間の上演であるから、空いた夜間を利用することができたのである。やはりしばしば中止解散を命ぜられた。

川上はこの間、急速に腕を上げたのだと考えられる。「自由童子」の名も知られるようになった。しかし九月一三日、川上は「一ヶ年間全国内において公然政治を講談論議する」ことを禁止される。

講釈師から落語家へ

政談を禁止されてからの一年間を川上がどのように過ごしたかはさだかでない。少なくとも活動の記録は残っていない。

禁止が解ける直前の明治一七（一八八四）年九月一日と二日、川上は京都・道場芝居で「仏教演説会」を催した。論調の過激さは相変わらずで、今回は矛先が政府でなくキリスト教に向けられた。川上の演説が終わると、キリスト教徒と思しき数名が質問に立った。これに対して一〇〇〇名以上の聴衆が川上側に付いて暴徒化した。教義の問題ではなかろう。川上に聴衆を扇動する力があったのだ。

九月一七日からは同じ道場劇場で「学術演説会」を開く。『京都滋賀新報』は川上のことを「詐欺の演説者」と書いた。川上は新聞社を訴えた。

本当に「詐欺」が行われたのは、その年の一一月である。神戸・大黒座で仏教演説をした際、川上は「岡本栄二」と氏名を偽って登壇したのだ。この件は川上の本名の問題につながるのだが、それはのちに述べよう。

明治一八年二月一〇日、川上音二郎は再び全国において一年間政治を講談論議することを禁じられた。演説遣いとしては道がないので、講釈師の鑑札を得て「自由亭雪梅《せつばい》」と名乗ることにした。三月のことである。

演説遣いが講釈師になるのは川上独自の発想ではない。最初の坂本龍馬伝である『汗血《かんけつ》千里の駒』を書いた土佐（高知）の自由民権活動家・坂崎紫瀾《しらん》が、明治一五年一月に講釈師「馬鹿《ばか》林《ばやし》鈍翁《どんおう》」を名乗った例がある。弾圧を避け、講釈師に転向して運動を続けることは、民権活動家の一種の流行となっていた。

しかしほかの活動家がそうであるように、川上の講釈師としての活動も当局の目をごまかすことはできなかった。

「開化人情話」と称して政治や学術に関する演説を続けていたが、その年の六月に京都で演説中、官吏侮辱罪で七ヶ月の禁錮刑に処せられることになる。一年の政談禁止を言い渡されたのが二月だから、半年ともたなかったわけだ。

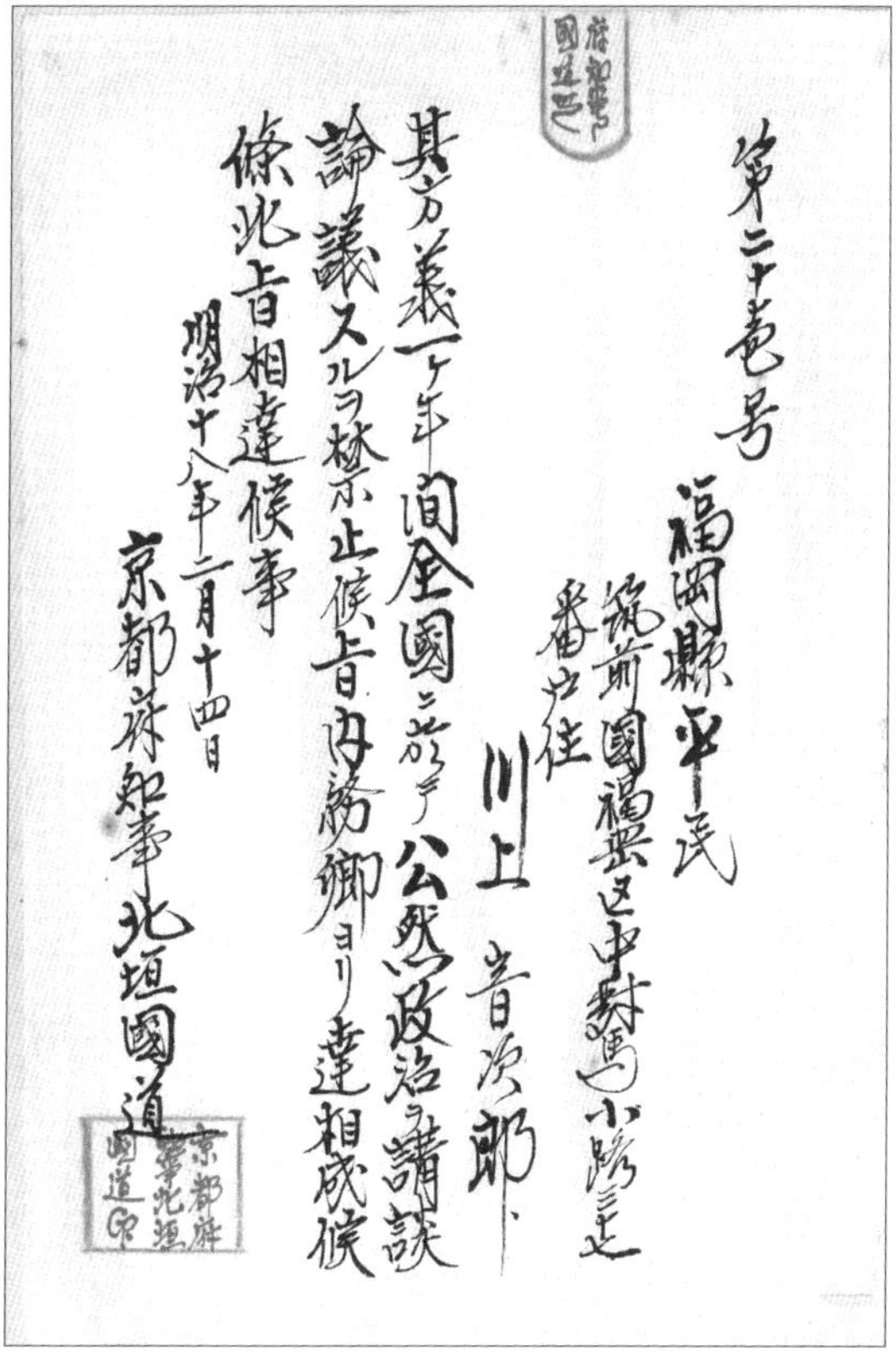
第二十壱号
福岡縣平民
筑前國福岡区中對馬小路三十番地住
川上音次郎
其方義一ヶ年間全國ニ於テ公衆ニ政治ヲ講談論議スルヲ禁止候旨内務卿ヨリ達相成候條此旨相達候事
明治十八年二月十四日
京都府知事北垣國道
京都府知事北垣國道印

明治 18 年 2 月、1 年間全国での活動を禁止される

同じく六月、先に述べた氏名詐称事件の裁判が京都で行われる。「岡本栄二」と偽称した川上の戸籍を警察署が調べたところ、本名は「川上音吉」だということがわかった。「川上音二郎」という名すら仮の姿だったのである。しかしこれ以降も川上は「川上音二郎」で通すことになる。川上は罰金一〇円を課せられている。

翌明治一九年一月一二日に釈放されるや、六回禁錮に処されたことから「六出居士」と改称すると報じられた。ただしこの芸名で高座に上がった記録はない。また二月には大阪・沢ノ席で「監獄土産盗賊秘密大演説会」という傍聴無料の演説会を開催し、獄内で見聞きした知識を披露した。

五月、京都新京極の福の家席で演説を始めようとすると、臨監の警官に中止解散を命ぜられた。川上はその足で笑福亭に移って落語を始めた。あらかじめ落語家の鑑札をも用意していたのである。記録には川上の高座名は「浮世亭」としか記されていないが、これがのちに明らかになる「浮世亭◯◯《まるまる》」の始めだろう。

なおこの時期、当時随一の落語家・桂文之助が二代目曽呂利新左衛門を名乗っている。川上が曽呂利に弟子入りするのは二年後の明治二一年二月である。それから落語家・浮世亭◯◯としての活動が本格化する。しかしその前に俳優として舞台に立ち、ニワカ師とも共演したことを書いておかねばならない。川上をのちに書生芝居の先駆けへと押し上げていくのは、こうした演劇体験と落語家としての成長であった。

書生芝居への道

博多座の道向かいにある川上音二郎像（著者撮影）

歌舞伎に出演する

明治二〇（一八八七）年になると、川上は新たな行動に出る。

一月六日、その日、大阪日本橋・沢ノ席で催される「二〇加《にわか》改良会」の広告が掲載された。作者兼演者は川上音二郎である。つまり川上は単独で行う講釈や落語から、ニワカという集団の芸能に手を伸ばしていたということだ。また、一月中旬から二三日まで、大阪北新地・〇よし席で「二輪加狂言」を催した。一方で川上は歌舞伎の中村駒之助一座に入ろうとしていた。一月の末である。一説に中村宗十郎のつてを頼ったのだという。宗十郎は関西歌舞伎界における演劇改良論者で、新演劇つまり歌舞伎役者以外による演劇の創立に最も影響を与えた歌舞伎役者である。

駒之助一座の件だが、新聞の報じるところによると、大阪国事犯の件を一幕の芝居にして上演しようという動きがあり、これに川上が加わっているという。

「大阪国事犯」とは世に言う「大阪事件」、自由民権運動の激化事件のひとつである。明治一八年五月、大井憲太郎・小林樟雄《くすお》・磯山清兵衛・新井章吾・景山英子《ひでこ》（福田英子）といった旧自由党員は国内での活動に行き詰まり、朝鮮半島の運動家・金玉均《きんぎょくきん》の清国からの独立を支援し、日清の戦争状態を作り出そうとした。それによって日本人の愛国心を喚起し、民主主義革命を実現しようとしたのである。景山英子は朝鮮転覆のための爆発物を長崎に運搬する役割を担当した。作戦を考えたのは磯山清兵衛だったが、変心し、いつのまにか姿を消した。残った新井章吾らが長崎から船で朝鮮に渡ろうとする前に計画は発覚し、一三九名が逮捕された。一一月のことである。その後、明治二二年、大日本帝国憲法（明治憲法）発布の恩赦によって釈放された。

さすがにこの物騒な題材は許可されなかったとみえて、別の演目に差し替えられた。劇場は京都新京極・坂井座である。

これに先立ち、川上は「演劇改良大演説」なる演説会を同じ坂井座で行っている。

今般俳優となり、坂井座改良演劇へ出席仕候に付、傍聴無料にて一月三十日三十一日両日午后六時より、新京極坂井座において演劇改良大演説　自由童子　川上音二郎出席　（『日出新聞』一月三〇日）

川上は「今般俳優となり」と俳優宣言をしている。しかもそれは「改良演劇」だという。「改良ニワカ」といい「改良演劇」といい、「改良」をうたうのは当時の流行だった。なお「傍聴無料」は、演説会の傍聴が一般的には有料であったことの裏返しである。

明治二〇年二月三日、京都新京極の坂井座は初日を開けた。

この興行については、柳永二郎が『新派の六十年』の中で自身が所蔵する番付を紹介している。一座は中村駒之助・中村仙昇・実川正朝といった顔ぶれで、大スター揃いとはいわないまでも、れっきとした大芝居である。演目は一番目「華魁莟八総《はなのあにつぼみのやつふさ》」（「里見八犬伝」）と二番目「南洋嫁島月《なんようよめしまのつき》」である。大阪国事犯一件は上演されず、「南洋嫁島月」に変更されたようだ。この番付は「里見八犬伝」の分が一枚と、「南洋嫁島月」の別刷りが一枚だというから、「南洋嫁島月」はあとで追加されたのだろう。

川上音二郎は「里見八犬伝」の「井ノ丹次」役、「南洋嫁島月」に「一等属辻森」の役で番付に出ている。「一等属」は上級官吏の意味である。

次の新聞記事に注目しよう。

去る〔二月〕三日より蓋の明いた新京極坂井座は、昨日〔二月九日〕にて悉《ことごと》く皆出揃いとなり、かの東洋の魯敏孫《ろびんそん》田中鶴吉氏の伝は、昼の切に取組みたりと。（『日出新聞』二月十日）

初日が二月三日で、九日に「出揃い」になったという。「出揃い」とは、予定していたすべての場面が上演されたという意味である。現代の常識からは考えにくいが、初日から、最後の場面まで通して上演されることはほとんどなかった。電気照明のなかった明治後期までは、歌舞伎は自然光の差し込む昼間に行われるのが普通である。芝居は朝早く始まり、日没が近づいて劇場内が暗くなってくると「まず今日はこれぎり」と言って途中で芝居を止めてしまう。一〇時間以上もあるから稽古の段階で上演時間を計算することは不可能なのだ。初日が開いて、初めてどの場面まで行けるかがわかる。そこで作者が筋を端折《はしょ》って、つまり編集作業をして、なんとか最後まで通せるようにする。こうして予定されていた場面が「出揃い」になるまでに数日かかる。この坂井座の興行の場合、二月三日初日の「里見八犬伝」が九日に出揃いになり、時間の余裕ができたので「切狂言」つまり最後に付け加える一幕として「南洋嫁島月」を上演したのである。番付が別ビラになっているのは、こうした事情からだ。

「南洋嫁島月」は、独特の生態系をもつ小笠原諸島を調査し、製塩業をも行って「東洋のロビンソン・ク

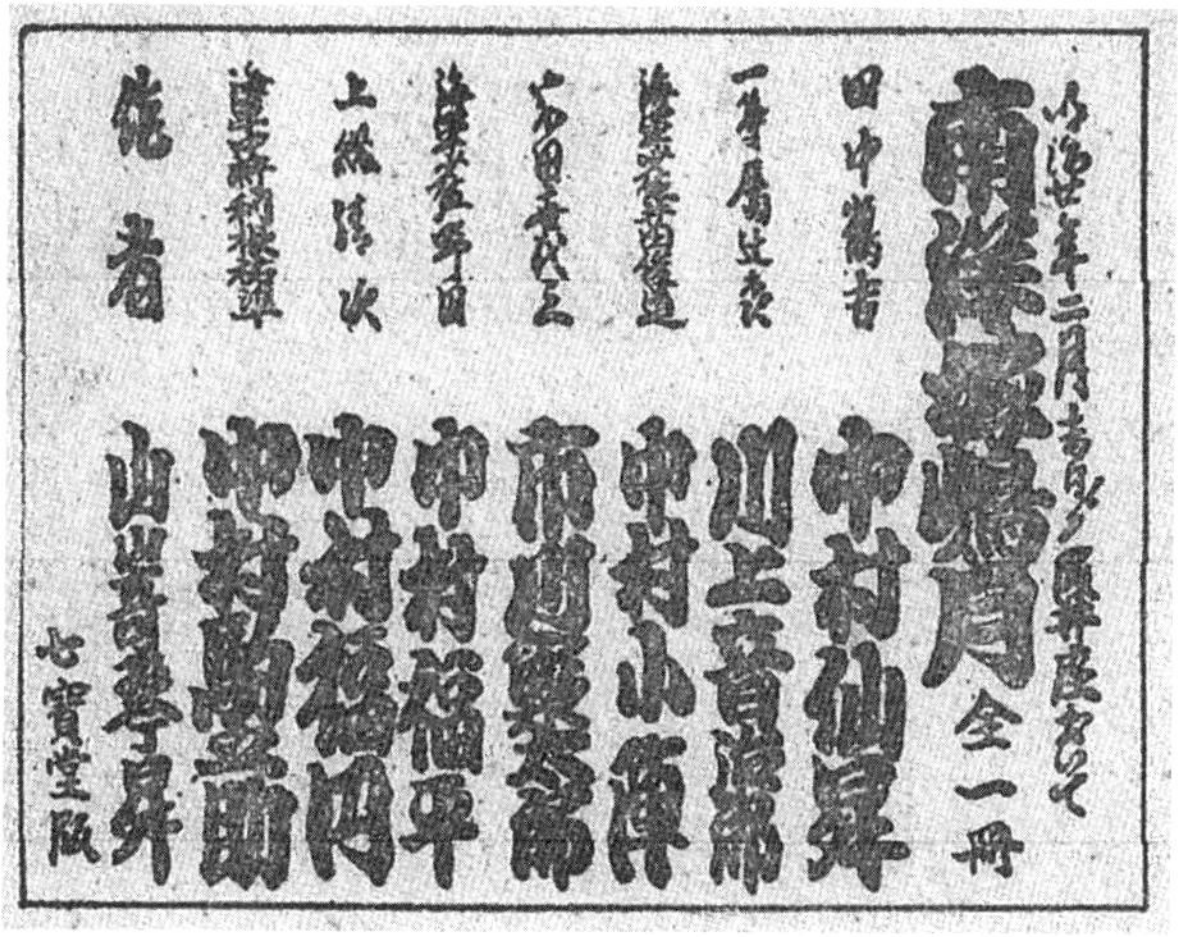

坂井座「南洋嫁島月」の番付
（柳永二郎『新派の六十年』より）

ルーソー」と言われた田中鶴吉の物語を一幕の芝居にしたものである。柳永二郎の紹介する台本によると、川上は番付に出た「辻森」（台本では「藤森」）のほかに「川上音二郎」という人物、つまり自分自身に扮している。

舞台一面に浪幕が張ってある。そこへ川上は、ト書きによると「信州書生川上音二郎、洋服常の体、ずゐぶん汚い方よろし」という扮装で小舟（うつろ舟）に乗って登場する。洋装の書生というのが、のちの「書生演劇」を予言しているようで興味深い。陸に上がると現地人がお前は誰だと問うので、川上は自分は田中鶴吉の書生だと述べ、「さらば田中氏履歴を演説。君それに有て傍聴し給へ。エヘンエヘン」と田中の履歴を述べる。その内容は、「是より弁にまかす事」「川上しきりと弁じる事」とだけ台本に指定があるのみで、内容は川上に一任されていた。いいころあいに「ピイー」と出帆の合図が鳴ると、川上は「南無三、出帆時間に遅れた。大へん〳〵」と言って退場する。たったこれだけである。このあと中村仙昇扮する田中本人が出てきて、自らの履歴を長々と独りゼリフで述べるので、川上の「演説」はこれと重複せず、むしろ田中の履歴から大きく脱線したものであったと想像される。

時代背景は一八八〇年代前半という、最新の出来事を扱っている。洋服を着ていることから、最新の風俗を描く「ザンギリ物」であった。台本表紙には「改良演劇」と書かれている。作者は山崎琴昇、当時新聞種の演目を得意としていた講釈師らしい。

坂井座の興行は二月三日から二一日まで続いた。

なお、一番目「里見八犬伝」には川上は「里見館の段」に井ノ丹次という役で出ている。「宝流閣の場」にも御注進役で出たという説があるが、根拠はない。したがってその扮装が「オッペケペー節」の扮装の原型となる「後ろ鉢巻きに緋の陣羽織、瀧縞の木綿の袴に日の丸の軍扇という拵え」（柳永二郎）であったとするのは俗説だろう。

丸谷才一は『桜もさよならも日本語』の中で、明治五年九月一二日、日本最初の鉄道が開通したとき、新橋駅の警護にあたっていた人々の中に平手造酒《ひらてみき》がいたという説を紹介している。『天保水滸伝』の剣豪・平手造酒は、笹川の繁蔵の用心棒として飯岡の助五郎との喧嘩で三〇歳で死んだということになっているが、この説では生きのびて六八歳で新橋駅で「用心棒」をしていたというのだ。そのいでたちというのが、「野袴に陣羽織」だという。

これが事実かどうかははなはだ疑わしいし、「オッペケペー節」への影響も考えられない。しかし、当時浪人者の、あるいは士族くずれの「平手造酒」が方々にいたとしたら、そして彼らが野袴に陣羽織という「ユニフォーム」を着していたとしたら、案外「オッペケペー節」のアイデアはそこらにあるかもしれない。

坂井座の興行全体は可もなく不可もなし、川上が俳優として成功したかどうかもさだかでない。ただ川上にとっては初めての「俳優」体験である。また、あくまで想像だが、もし一番目に御注進役として後ろ鉢巻き・緋の袴・日の丸の扇というオッペケペーの「三点セット」（永嶺重敏『オッペケペー節と明治』）

で出たのだとしたら、そして二番目の扮装が書生演劇に受け継がれたのだとしたら、単発的に見える歌舞伎出演の意義も小さくはない。

改良ニワカ

先に述べたように、川上音二郎は明治二〇（一八八七）年一月、大阪日本橋・沢ノ席の「ニ〇加改良会」に作者兼演者として出演しようとした。大阪北新地・〇よし席でも「二輪加狂言」を上演している。二月には、歌舞伎役者として京都・坂井座出演を果たした。

その後、川上は再びニワカの一座に参加する。いまわかっているところは次のとおりである。休みなく出演していることがわかる。

・三月一五日より毎日昼のみ　座摩神社境内・ニワカ定席「新奇珍作改良ニ〇カ」
・三月一七日　千日前・神崎席「改良民権ニ〇カ　作者兼出席　川上音二郎君／外　三玉一座　たにし〔二〕座　龍玉一座合併」
・三月二〇日より　御霊社内・尾野俄定席「改良ニ〇カ」
・四月一日より一二日間　堺・卯の日座「新奇妙作　改良ニ〇カ／作者兼出席　川上音二郎君／外　三玉　ニ〇カ一座」
・四月一六日より四月末ヵ（一週間の予定が日延べ）神戸楠公社内・戎座「新奇妙作　改良ニ〇カ　大

坂上等二〇カ一座」（川上は作者を兼ねる）

ニワカは江戸時代中期に発生した即興劇である。ここでは「ニワカ」とカタカナで表記しておくが、「俄」「仁和加」「仁輪賀」「二〇加」など様々の字を当てる。用字の定着しないことが、そもそもこの芸能の来歴を物語るようだ。ニワカは博多（福岡県）・河内（大阪府）・美濃（岐阜県）・佐喜浜（高知）・佐賀など、いまも全国各地に残っている。地域によって形態は異なるが、物真似や言葉遊びを使用する点、風刺と滑稽の精神を大切にする点、方言を使用する点などが共通した性格だろう。古くは歌舞伎をパロディー化したものが題材として好まれたが、近代に入って時事問題を扱ったものもさかんに行われた。

「ニワカ」という名称が示すとおり、その場でこしらえてあとには残さない。したがって、事前に当局に台本を提出する必要はなかった。というより建前上、提出すべき台本があってはならない。これが演劇との大きな違いである（ただし筋書の提出は必要であった）。

プロ化してのちの松竹新喜劇へとつながる曽我廼家《そがのや》の例もあるが、ニワカはもともと素人による芸能であった。たとえば博多ニワカ独特の扮装である「半面」と「ぼて鬘《かづら》」はその象徴だろう。目の部分を隠す「半面」を着ければ、本業を隠し別人格に変身することができる。また紙製の「ぼて鬘」には、自分たちはプロではなく、にせ者、まがい者なのだということを主張する精神がある。

博多ではニワカは明治になって大いに流行り、鬼若組・竹田屋組・吉井屋組など、十数もの団体を派生した。川上の父・専蔵も博多最初の組である鬼若組の囃子方をつとめたと伝えられる。鬼若組の結成は明治一二年から一三年頃だから、川上が博多を出るのと入れ違いになる。

明治二〇年に川上が提携したのは大阪のニワカ師であった。ただし、この一座に博多ニワカの泉清米《せいべい》が加わったという説がある。言い伝えの域を出ないが、精米は川上一座に属したあと博多に戻り、畳屋組に加入したのち泉組をおこして、一時は博多ニワカ界の一大勢力となった。

ところで先に触れたように、川上のニワカには「二〇加改良会」「改良ニ〇カ」というように、「改良」の二文字がついていた。さらに次の記事にも見られるように、「改良」ニワカは「改良演劇」へと発展する。

二、三日前の夜限《かぎり》閉場したる〔神戸〕楠社内戎座、川上音次郎一座の改良二〇加《にわか》は、意外の大入なりしに付き、更に同人が若手の俳優と一座となり、改良演劇というを同座に興行せんとて目下用意中なりとか。

（『神戸又新日報《ゆうしん》』五月二三日）

次の柳永二郎の記述がこの「改良演劇」と符合する。

そして彼〔川上〕はこの二月の阪井座《ママ》の翌々月、五月には神戸楠公社内の戎座という小屋に出て居る。それは中村駒治郎、中村福丸、市川蔦治郎、阪東太三郎、嵐寿班〔寿珏ヵ〕、尾上多井蔵などの中に、別看板で「改良　川上音治郎」と名を乗せた《ママ》番附がある。その庵形で囲った名前の肩に「改良演劇西洋美談、斎武義士自由の旗揚」と二行に書いてあって、役割欄には名が無いので、彼がその時どんなことをしたのかは判らない。

（『新派の六〇年』）

また倉田喜弘・林淑姫《りんしゅくき》の『近代日本芸能年表』は、改良演劇のタイトルは「日本魂自由旗色」で、「書き直しを命ぜられた」とする。これらが事実なら、川上は「通説」の角藤定憲《すどうさだのり》より早く改良演劇を始めていたことになる。河竹登志夫が「記録に残るものでは、〝改良演劇〟の祖は音二郎としなければならない」(『近代演劇の展開』)と言うように、もはやそれは学界では大方の見方といってさしつかえないだろう。「改良ニワカ」といい「改良演劇」といい、川上が好んで使った「改良」は、当時のキーワードであった。「改良」は「文明開化」に取って代わる標語で、そのブームは明治一九年頃に始まるとされる。

明治一九年から二一年にかけて、世間に流行した「改良」はざっと次のとおりである。

衣服、飲食、飲料水、運動、演劇、大阪医法、会社、家屋、学校、監獄、寒天、官吏、器械、教育、妓楼、言語、公園、講談、地歌、市区、宗教、小説、醤油、条例、食物、女子、女風、新聞、水道、角力、製茶、葬具、束髪、塵溜、道路、鳴物、西陣織の美術、農事、風俗、婦人、婦人衣服、婦人教育、仏教、米作、米質及俵、木履《ぼつくり》、文字、村田銃、薬局、湯屋、旅舎

これらの語のあとに「改良」をつけて、たとえば「衣服改良」「飲食改良」などと呼ぶ。「改良」が先に来る例としては「改良溝渠《こうきょ》」「改良染物」「改良講談」「改良人力車」「改良医薬」などがある。「演劇」の場合は「演劇改良」も「改良演劇」もあるわけで、それだけ広く使われたことがわかる。

問題は、「改良」が政治・経済・社会・文化・生活・科学など、社会を縦断・横断して様々な分野に及んでいることである。

明治憲法発布は明治二二年二月にせまっており、明治二三年一一月の憲法施行にともない帝国議会が開かれることになっていた。国会開設運動としての自由民権運動はこうして終わった。というより骨抜きにされた。しかし世の中はなにもよくならない。なにかを、いやなにもかもを変えなければならないという社会全体のあせりが、「改良」という言葉に込められているのではないか。

むろん、「演劇改良」も例外ではない。もっとも「演劇改良」の場合、政府高官の思惑が働いていた。

「改良」の時代

明治の初めまで、「演劇」といえば歌舞伎しかなかった。したがって「演劇改良」は、すなわち「歌舞伎改良」である。少なくとも当初はそう考えられていた。

元来、劇場は遊廓と並ぶ「悪所」であり、江戸時代は当局の弾圧の対象だった。ところが明治政府にかわって、一転、政府は歌舞伎を利用する必要に迫られる。

明治五（一八七二）年二月、東京府庁にいわゆる「江戸三座」（中村座・市村座・守田座）の座元と作者が呼び出され、今後は貴人や外国人も観劇するから、高尚な内容の演劇を上演するようにと説諭があった。また三月には芸人・俳優が教部省の監督下におかれた。差別されていた芝居者が国民を教え導く立場になったのだ。さらに四月、荒唐無稽な筋を廃し、史実に則ったものにするようお達しがある。六月には脚本は検閲を経るべきこととなる。

つまり、「万事上品に、かつ史実を尊重し、皇国思想の教化普及の役に立つように、それには事前の脚本検閲をおこなうから心得よ」（河竹登志夫『前掲書』）ということであった。

そのころの歌舞伎は、ずいぶんと猥雑な表現を含んでいた。また歌舞伎や人形浄瑠璃では、羽柴秀吉を「真柴久吉《ましばひさよし》」、織田信長を「小田春永《おだはるなが》」といった具合で、実名を出すのを避けた。あるいは徳川家康を北条時政、真田幸村を佐々木高綱などと、時代背景を過去に移し替えた。武士の実話を演劇化すると、当局の干渉を受ける恐れがあったからである。そのうえ、助六が実は曽我の五郎だったり、すし屋のあと取り弥助が実は平維盛《これもり》だったりと、史実を無視した筋が複雑に入りくんでいる。西洋風の合理精神を採り入れたい明治政府からすると「狂言綺語《きょうげんきご》」つまり道理に合わない偽りごとということになる。

近代国家にふさわしい国民を教育するために、演劇改良は是非とも必要だった。しかし明治政府が演劇改良に力を入れたのはほかに切実な理由がある。それは条約改正問題である。

安政五（一八五八）年、まずアメリカと、続いて蘭・露・英・仏、計五ヶ国との間に結ばれた「修好通商条約」は、日本に関税自主権がなく、外国人に治外法権が認められるという不平等条約であった。このとんでもない負の遺産を江戸幕府は明治政府に遺したのである。不平等条約解消のためには様々な外交交渉が必要である。そしてそれは政府要人同士の交友による信頼関係を前提とする。日本の要人が欧米を訪れて最初に接待される場所、それは劇場であった。ひるがえって、欧米の要人を日本で接待するためには、それに見合う、恥ずかしくない劇場と演劇の中味が必要だという道理になる。

こうした「演劇改良運動」は明治一〇年代から二〇年代初めにかけて、守田座座主の一二代目守田勘弥と名優・九代目市川団十郎を中心に試みられた。まず、明治一〇年代に団十郎が「活歴《かつれき》」と呼ばれる作品群を上演し始める（その萌芽は明治初年からあった）。史実に即し「忠孝」をテーマとした作品を、時代考証に重きを置いた扮装や演出によって演じる。そのためには外部の学者の知恵を借りなければならなかった。団十郎のブレーンとして古実会（明治一〇年）、求古会（明治一六年）、団党会（明治二〇年）が組織された。活歴物は高尚で難しかったため、観客の理解は得られず、幕内からも反発があった。しかし当初は勘弥も団十郎もこれこそが改良の道だと信じた。

政府側も、条約改正問題の手前、極端な欧化政策に傾いた、いわゆる「鹿鳴館時代」と連動して演劇改良運動を推進した。

明治一九年八月、首相の伊藤博文は娘婿の末松謙澄《けんちょう》に主導させ、外山正一《とやままさかず》や渋沢栄一の賛助によって「演劇改良会」を結成する。この会の主張するところは旧来の歌舞伎の悪弊を正し、良質の脚本を提供し、劇場を改良することであったが、かなり革新的（というより過激）な内容を含んでおり、否定的意見も多かった。成果は少ない。明治二〇年に天覧劇を成功させたことがわずかに後世に残る偉業である。「演劇改良会」は伊藤内閣の崩壊とともに明治二一年に解体した。

関西でも東京に触発されて、明治一九年九月に「大阪演劇改良会」が発足する。俳優からは中村宗十郎・嵐璃寛《りかん》・中村雀右衛門など四十余名が参会した。また、一〇月には宗十郎を中心として「俳優品行改良会」の設立が計画されている。会長にはなんと川上音二郎が推された。「大阪演劇改良会」は二回の会合をもって自然消滅した。一方の「俳優品行改良会」はかけ声だけに終わったようだ。しかしその改良の気運は、間接的に後世に大きな影響を与えた。

そのひとつは、数ヶ月後には実際に改良演劇を生むことである。ひとつは川上音二郎が出演した明治二〇年二月、京都・坂井座の「南洋嫁島月」である。もうひとつは二月九日から三月四日まで大阪・中の芝居（中座）で上演され大人気を占めた「薩摩潟波間月影《さつまがたなみまのつきかげ》」である。西郷隆盛とともに錦江湾に入水した月照の件（西郷は奇跡的に助かった）に取材したもので、上演に先立って座頭《ざがしら》の中村宗十郎は史実を知るために関係者に聞き取りをしたようだ。

ふたつ目は、まさに中村宗十郎という筋金入りの演劇改良論者が、新演劇、つまり歌舞伎役者以外による演劇の誕生に影響を与えたことである。「夜討曽我狩場曙《ようちそがかりばのあけぼの》」（明治一四年、東京・新富座）で九代目市川団十郎と共演した際は、団十郎の五郎が史実重視の烏帽子・鎧に対し、宗十郎の十郎は伝統的な小袖の着付けで一歩も譲らなかった。宗十郎は団十郎に触発されて演劇改良を志したのだが、団十郎を激しくライバル視した。特にいま例に挙げたごとき史実盲従の「活歴」には強い抵抗を示した。したがってそのアプローチは自然と異なる。しかし、心理表現に重きを置いて芝居の真実を表現するという点で両者は共通していたのである。

新演劇の祖と「通説」に言われる角藤定憲も、また川上音二郎も、中村宗十郎に刺激を受けて演劇の道に入ったという。中村宗十郎という演劇改良論者が団十郎と渡り合い、反面教師的であれ影響を受けたことは、実は新演劇の誕生にとって重要であった。

中村宗十郎は明治二二年一〇月に亡くなる。角藤定憲は前年一二月、大阪・新町座で壮士芝居の旗を挙げていた。川上はすでに俳優としてデビューしていたが、まとまった一座となるのは少しあとのことである。

明治二一年・二二年博多

明治二一（一八八八）年九月、川上音二郎は故郷の博多に来演している。九月七日、博多に上陸するなり警察署に拘引された。六月に「鉄窓手枕《てつそうたまくら》の考《かんが》へ」という一枚刷りの軍歌を無断で客に配り、「出版条例」違反（いまでいう著作権法違反）に問われて罰金一〇円を科せられ、それを完納しないまま大阪を発ったからである。一〇日間の拘留に処せられるところだったが、興行の主催者が罰金一〇円を肩代わりして川上を自由の身にしてくれた。

博多教楽社劇場上棟式之図（福岡市博物館所蔵
画像提供：福岡市博物館 / DNPartcom）

川上が興行した博多の教楽社《きようらくしや》は明治一六年に開場した劇場で、瓦葺き木造二階建ての入母屋《いりもや》造り、廻り舞台もあり、舞台から客席を縦断して後方に延びる花道には、スッポン（妖怪変化などが登場するときに使われる小さなセリ）まで備わっていた。収容人数約一七〇〇人、当時の博多では一番の常設劇場である。

当初「滑稽演説会」と予告されたこの興行は、九月一一日の夜に蓋を開けた。名目は「政談演説会」に変わっていた。

初日の夜はすさまじい風雨だったが、教楽社には五百余人の聴衆が押しかけた。雨の日は休場する劇場もあった時代に、しかも夜興行に五〇〇は立派である。

舞台正面には弁士の演壇がある。左には筆記者の席があり、書生二人が鉛筆をなめなめ控えている。右には臨監席があり、三人の警部巡査が目を光らせている。

右の桟敷には民権系の『福岡日日新聞』、左の桟敷には玄洋社系の『福陵新報』の記者が居並ぶ。ここで「桟敷」というのは、座布団に座る席の意味ではない。椅子席などない時代の話だから、そもそも劇場内はすべて座布団である。一階正面の「平場」（あるいは「土間」）に対して、それをはさんで左右に一段高くこしらえられた上等の席が「桟敷」である。

川上はひと晩のうちに三つの演題を弁じた。

まず「時機の来たりしを知るか」という題にて、国会開設前に準備しておくべきことについて面白く弁じた。次に「時勢の変遷」という題でやや滑稽な弁論をする。第三に「政治上直接の関係」で、ロシアの虚無党やフランスの山岳党の例を引いて官吏の傲慢について論じた。

肝心の弁論の技術だが、地元の新聞は次のように評価している。

すべての論点に付ては尋常なれども、さすがに弁論は自在なり。いつも論鋒を極点まで進め、一転右に避け左に避け巧みに言い抜けたるは、最も聴衆をしてヒヤヒヤを叫ばしめたり。

（『福陵新報』九月一四日）

「ヒヤヒヤ」とは「Hear! Hear!」つまり「賛成賛成！」というような意味で、演説の際などに観客から発せられた言葉である。

もう入出獄を繰り返して箔をつけていた時代の川上ではない。博多の観客の前に現れたのは、聴衆の心を瞬時にしてとらえる術を心得たプロの演説遣いだった。

二日目からは、正午から午後六時まで仏教演説会として「真誠の仏道」を論じた。夜は前夜の続きで「時世の変遷」「租税論」である。恐ろしいバイタリティーと言わざるを得ない。

三日目すなわち九月一三日からは、「川上音二郎」から改良落語家「浮世亭○○」と立場を変えて、人情噺「鉄窓手枕の考へ」を弁じている。罰金一〇円に問われた一枚刷りと同じタイトルである。これは続き物になっており、落語というよりは講釈に近いものであったようだ。

注目すべきは、この「人情噺」が近未来の明治二三―二四年に設定されていることである。不平士族の乱である明治九年の秋月の乱に沈んだ今村百八郎の息子・今村道之助と、同じく明治九年の萩の乱の首謀者・前原一誠の息子・前原某の二人が主人公である。また、明治一五年の福島事件で投獄された花香《はなか》恭次郎の忘れ形見が、花街に身を沈め芸妓・小歌となり、東京虎ノ門で投身自殺しようとしたり、今村道之助が明治二〇年の保安条例で東京を追われて大阪に流れて来たりするなど、すべてフィクションである。聴衆を随分笑わせる場面があるかと思えば、神妙に聴かせる場面をつくるなど、その語り口は誠に巧みであったという。このあとも繰り返し述べることになると思うが、川上の興味は常に「現在」あるいは「未来」にあった。

入場料は初日・二日目が木戸札三銭と席料二銭だったのを、三日目より木戸札だけにした。江戸時代以来の入場料は、まず入口で木戸銭を払い、中で席料を払うという二重の料金体系になっていた。席料なしの安い自由席「追い込み場」が設けられている場合もあるし、席料を取らない興行（博多では「放埒《ほうらつ》芝居」

という）の場合もあるが、基本的には料金体系は二重になっている。加えて下足・座布団・煙草・弁当、それに押し売り同然の中売りと、金はどんどん劇場に落ちる仕組みになっている。

江戸時代以来、歌舞伎の上演時間は日照時間に等しいほど恐ろしく長かった。劇場にロビーや食堂にあたるものはなく、飲食は客席で行う。チケット一枚で観劇がすむというスマートな制度にはなっていなかったのだ。入場料を一本化しようとすると、劇場内部の、既得権益を持つ人々から猛烈な抵抗を受ける。川上は演じられる中味はもちろん、劇場建築や興行制度など、演劇のあらゆる面を近代化しようとしたひとりだが、制度の改革は中味の改革ほどは容易には進まなかった。

それはともかく、明治二一年の博多来演に関して言えば、川上は演説遣い・落語家・講釈師、それにニワカの滑稽味も加わって、多くの引き出しを自由に出し入れできる、芸人としてはすでに円熟した状態にあった。大都市なら共演者もおり、特定のジャンルで押せるが、地方興行は演者の引き出しの限界が見えてしまうのが逆に恐ろしいところだ。ごまかしたつもりがごまかせていないのが地方興行なのである。

なお、川上は翌明治二二年年五月にも博多の寄席・開明舎に来演している。改良落語「自由壮士の行末」を高座にかけた。内容は不明だが、題名からして、またもや近未来を描いたのかもしれない。「人情続き物」と新聞にはある。

角藤定憲

川上の人情噺「鉄窓手枕の考へ」の中に出てきた「保安条例」について説明しよう。

保安条例は、明治二〇（一八八七）年一二月二五日に発布、即日施行された。その内容は、治安を妨害するおそれのある自由民権派を皇居から三里（約一二キロ）の外に退去させ、向こう三年間出入りを禁ずるという乱暴なものであった。数日の間に五〇〇名以上が東京から退去させられたという。

東京を追われた大物活動家の中に「東洋のルソー」こと中江兆民があった。彼は大阪に拠点を移し、『東《しの》雲《のめ》新聞』の主筆となって運動を継続する。ここで兆民は、演劇の改良と自由民権思想とが理念的にも戦略的にも結びつくと考えた。そこで角藤定憲はじめ十数名の壮士が、一座の結成へ動くことになる（一説に角藤から兆民に話を持ちかけたともいう）。角藤は岡山出身の壮士で、巡査をしたあと『東雲新聞』に出入りしていた。角藤はじめ一座を結成する壮士たちはみなずぶの素人である。角藤は中村宗十郎に指導を頼んだ。宗十郎は弟子の中村丸昇《がんしょう》をよこした。

明治二一年一二月四日、大阪・新町座に角藤の一座は旗挙げした。演目は角藤自作の小説を劇化した「耐忍《たいにん》之《の》書生貞操佳人《しょせいていそうのかじん》」（前狂言）と幸徳秋水作「勤王美談上野《きんのうびだんうえの》の曙《あけぼの》」（切狂言）であった。

これが「通説」にいう「壮士芝居」と呼ばれる新演劇の始めであり、のちに「新派」と呼ばれる演劇の元祖ということになる。ただし「通説」はあくまで「通説」にすぎない。

観客は意外に入った、ただ役者はすべて壮士、素人だから学芸会も同然だった。一三日間興行したという。

このあと一座は、不入りや内輪もめによる存亡の危機を幾度も体験しながら、約二年半の間に京都・大津・八幡・彦根・岡山・高松・丸亀・広島・萩・馬関（下関）・博多・熊本・広島・福山・高松・岡山・玉島・徳島・堺・京都・伊勢・大阪と渡り歩いたのである（倉田喜弘『近代劇のあけぼの』）。

最後に挙げた大阪は浪花座である。明治二四年八月のことであった。角藤は世事にうとく、経営の才にも乏しいので、血気盛んな壮士たちは常に不満を抱えていた。内紛が絶えず、メンバーはころころと入れかわった。浪花座に出たときには、旗揚げメンバーは二、三名しか残っていなかった。

ところが一座は意外の好評を博した。

実はこれには訳があった。

話があとさきになるが、この年の六月、川上音二郎は東京進出を果たし、その影響で新演劇は全国に芽生え始めていた。つまり浪花座が角藤一座を呼んだのも、川上人気の余波だったのだ。そのことを角藤は無視した、あるいは気づいていなかった。それればかりか後々まで「自分たちの成功がきっかけとなって壮士俳優が天下に広まり、川上などの団体ができたのだ」と言い張った。

明治二一年一二月の角藤旗揚げを「壮士芝居」の始めとする立場は、この浪花座の成功があったからである。あるいはさかのぼって、中江兆民のブランド力に支えられたからである。

これに先立つ明治二〇年一月、川上が「改良演劇」を名乗っている。同じ「改良演劇」でも、川上のそれはニワカ師や歌舞伎役者にまじっての一座で、純粋の壮士芝居ではない。これに比べて、壮士だけを集めたところに角藤の新しさがある。ただし、全員が壮士という素人一座からスタートしてしまったゆえに角藤は苦しんだ。逆に川上は歌舞伎役者・講釈師・落語家・ニワカ師と、様々なジャンルにうち交じってそのノウハウを吸収していった。足腰が違う。

その後、角藤は自分が元祖であることにのみこだわり、「元祖壮士演劇」と称して自分が「元祖」であることを主張し続けた。なるほど「元祖」は「元祖」かもしれない。しかし地方まわりに終始した角藤は、壮士芝居から「新派」へとつながる潮流にはまったく関わっていない。明治四〇年、巡業地神戸にて亡くなる。四二歳だった。

中江兆民も罪なことをしたものである。演劇が人の心を揺さぶる力を持っていることに着目した中江の考え方は正しい。しかし、たとえば音楽がいくら素晴らしいものでも、未経験者にいきなり楽器を手渡して演奏会をしろというのは土台無茶である。演劇において、中江が角藤にさせたのはそのようなことであった。

一座旗揚げ

「佐賀暴動記」

「明治二十年国事犯事件顛末」

川上音二郎が「書生演劇」の一座を結成して東京・中村座に進出するのは明治二四（一八九一）年六月のことで、これは誰しも認めるところだが、その前に紆余曲折あったことについては諸説あり、かつ記録も曖昧である。

川上が一座を組んで上演した「演劇」のうち、内容が想像できるものとしては明治二二年六月の例が比較的早い。川上は大阪千日前の井筒席で人情話「大阪浮浪壮士の血涙」を口演しながら、これが治安に妨害ありと中止になるやいなや、隣の姉子席に移って滑稽演劇「二十年大阪国事犯事件の顛末」七幕を上演したという。川上は落語をするかたわら滑稽演劇一座をも準備し、そのための俳優募集もしていた。

さてこの「二十年大阪国事犯事件顛末」とも「明治二十年国事犯事件顛末」とも呼ばれる演目は、その後川上が繰り返し上演したものである。明治二三年四月京都・福井座、同年八月横浜・蔦座、九月東京・開盛座と、ニワカの一座を組んで一旦東京まで行った際も中心の演目になっている。一座を組み直して再起した明治二四年にも、三月小田原・桐座、五月横須賀・立花座と、「大阪国事犯事件」は川上のレパートリーのひとつだった。「大阪国事犯」は言うまでもなく明治一八年の大阪事件のことである。

内容は不明だが、ニワカ師・三玉一座の例がヒントになるかもしれない。川上も何度か共演したことのある三玉一座は、明治二〇年七月に大阪国事犯事件のニワカを上演する計画を立てている。実現したかどうかは不明だが、外題・役名ともに実にふざけたものである。外題は「黒痔判棒張疾記《こくじはんぼうちやうしつき》」、役名は大井憲太郎が「箒木《ほうき》ポン太郎」、小林樟雄《くすお》が「おはやし愚図男」、磯山清兵衛が「味噌山屁兵衛」、新井章吾が「笑井猪口」、景山ひで（英子《ひでこ》）が「禿山《はげやま》おいで」であった。実際は大阪事件というより、これらモジリの人物を登場させ、筋は市井流行のほかの事件を織り交ぜたものらしい。

ただし大阪事件の顚末も角度を変えて見れば恰好の材料になる。大井は主導者にして景山とは愛人関係、小林は金策に走る、磯山は途中で逃げ出す、新井は取り残されてつかまる。当の本人たちはいたって真剣でも、端から見ると喜劇になるではないか。

川上の滑稽演劇は七幕の長尺であるから単純に比較はできないが、滑稽味を含んだものであったことは想像に難くない。あるいはそれが徐々に演劇の体をなしていったのかもしれない。

ところで明治二三年までは「明治二十年」がタイトルについていた。なぜ「明治二十年」であり、かつ「顚末」だったのか。大阪事件に関わった運動家が一斉検挙されたのは明治一八年一一月、大日本帝国憲法公布の恩赦により、彼らが一斉釈放されたのが明治二二年二月である。明治二〇年である必然性はどこにあるのか。ここで川上が明治二〇年一月に京都・坂井座で大阪国事犯を一幕の芝居にしようと目論んでいたことを思い出したい。腹案が明治二〇年からあり、それを明治二二年に実現したとするのは考えすぎだろうか。

なお、大阪事件の芝居については次のエピソードがある。

恩赦で釈放された運動家の中に景山英子（福田英子）がいる。明治二二年三月、釈放された景山が故郷の岡山に凱旋したとき、川上は景山を主人公にした「美人一滴の血涙」という芝居をした。観客には大評判だった。しかし景山は「科《しぐさ》といい、白《せりふ》といい、殆ど滑稽に近く、全然一見の価《あたい》なきものなりき」（『妾の半生涯』）と述べている。川上は景山に会いに来て、引幕を新調するのでそこにあなたの名前を記し、あなたから引幕を送ったことにしてくれないかと頼んだ。川上は景山から送られたという引幕を持って、各地で上演予定の「大阪国事犯」の芝居に箔をつけるつもりでいたのだろう。取り巻きが反対したので景山は断った。川上は雑魚《ざこ》同然の扱いを受けたのである。川上は数え年で二六歳、景山は一つ下の二五歳だが、運動家としての格が違う。川上にとっては屈辱だった。川上は激高して岡山を立ち去ったという。

のちに川上が東京進出を果たし、江藤新平の佐賀の乱を仕組んだ「佐賀暴動記」を上演したとき、東京で景山女学校の校長をしていた景山英子を招待した。景山は両親や学生七〇名を連れて観劇に行った。明治二四年九月二八日のことである。景山は技芸が上がったことは認めたものの、貴顕紳士の前で演劇ができるようになったことを涙ながらに喜ぶ川上を見て「彼は近年細君のお蔭にて大勲位侯爵の幇間《ほうかん》となり、上流紳士と称する或一部の歓心を求むる外にまた余念あらずとか」（『前掲書』）と記している。「細君」つまり妻となった葭町《よしちょう》の芸者・奴《やっこ》（のちの川上貞奴）の紹介で、川上は伊藤博文はじめ政府高官の後ろ盾を得た。景山の目にはこれが堕落と映ったのだ。景山にはまだ運動家の血が流れていた。のち社会主義運動へとシフトする。

なお、のちに川上一座の中心人物となる藤沢浅二郎によると、明治二二年秋、高松・東雲《しののめ》座から広島に至り、ここで青柳捨三郎と川上で「書生芝居」の旗を揚げたという（『自伝音二郎・貞奴』）。かなりあとの回想なので記憶違いの可能性が高い。しかし明治二二年の時点で、川上が落語や演説で各地を回りながら、芝居仕立ての演目を織り交ぜていった可能性もなしとしない。まだ「演劇」とはいえないものかもしれないが、単独の芸ではなく人と絡む面白さを川上は感じ始めていた。

書生ニワカ

明治二二（一八八九）年から二三年にかけて、川上音二郎は落語家としても演説遣いとして引っ張りだこであった。同時に「滑稽演劇」「滑稽芝居」と称するものも度々上演している。

先にも少し触れたが、明治二三年四月、川上は京都・福井座で滑稽芝居「明治二十年国事犯事件顛末」と「書生の胆力」を上演する。笑福亭で行われていた「諸芸大寄《おおよせ》」との掛け持ちであった。「大寄」は芸人が一堂に会して芸を競い合うことである。笑福亭での諸芸大寄には、川上は当然単独の落語家として出演したのである。この年、京都興行界は不況のどん底にあったが、川上の出る寄席だけは客が入った。

一方、福井座の滑稽演劇（あるいは滑稽芝居）は、「ニワカ・落語・手踊り」などの諸芸を行う名目で警察署に申請していた。しかし実質は「演劇」であり、劇中治安に妨害ありと認められる場面もあったので、二日で中止となった。

注目すべきは、このとき若宮万次郎と青柳捨三郎が川上とともに名を連ねていることである。若宮と青柳は、川上と行動を共にした初期の同志であり、翌年の書生演劇旗揚げの際の中心メンバーでもある。

若宮万次郎は名古屋・若宮神社の神官の家に生まれた。一時東京で法律書生をしていたが、食いつめて関西で演説遣いになった。文才があった。川上の「オッペケペー節」の作者となる。

青柳捨三郎は川上と同じ曽呂利新左衛門の弟子で、演説もよくした。のちに川上と袂を分かつ。晩年は東北で俳優として活動し、最後は活動弁士になったという。

明治二三年、川上は宇治の家茶楽・茶好などというニワカ師を中心にした顔触れで書生ニワカの一座を組んだ。若宮万次郎も同行した。青柳捨三郎は参加しなかったようだ。八月、初東上して横浜・蔦座に進出した。演目は例の「明治二十年国事犯事件顛末」に「松田道之名誉裁判《ほまれのさいばん》」、「道理世界書生丹心《しょせいのまごころ》」、それに歌舞伎の「奥州安達原」三段目をニワカ仕立てにしたものである。幕間に川上が緋の陣羽織で「オッペケペー節」を披露した。

ところでこのとき、横浜在住の伊藤痴遊《ちゆう》(仁太郎)が飛び入りで参加したと井上理恵『川上音二郎と貞奴　明治の演劇はじまる』は指摘している。痴遊は壮士であり講釈師であり、のちに衆議院議員となる。ジャーナリストの草分け的存在でもあった。痴遊自身は川上とのつながりを「書生芝居の回顧」という文章で回想している。これは『伊藤痴遊全集』第一三巻に収録されているのだが、大正一〇(一九二一)年五月から六月にかけて『福岡日日新聞』に連載された。いずれにせよ三〇年も前の回想なので疑わしい部分もあるが、川上と伊藤痴遊のつながりは思いのほか深いようだ。

痴遊の「書生芝居の回顧」を信じるなら、横浜の痴遊のもとへ「大阪浪人」の菅野通親《すがのみちちか》から「近日、川上音二郎が上京するから、なにぶんよろしく頼む」と手紙が来て、痴遊が川上の興行を世話してやることになったらしい。菅野通親はその頃大阪で政治関係の本などを執筆していて、のちに伊藤痴遊同様、衆議院議員となる人である。このあと上京してしばらくは川上の世話をやいた。

痴遊は、たまたま横浜馬車道通りの丸竹亭という寄席に「滑稽新作落語、浮世亭○○」の看板を見つけた。入ってみると、川上が拙い落語の合間に巡査の悪口を刻み込んで、低級な観客を喜ばせている。「オッペケペー節」は京阪地方で流行ったのが、いまは川上のもののごとくになっていると聞いたが、「それほどまでに、川上化して居るとは思わなかった」と痴遊は感じた。なお川上にはこのとき女房がいたらしい。元芸者で名古屋の金持ちの愛人であったのを略奪してきたのだという。楽屋でいちゃついていた。

川上が芝居をやりたいというので、痴遊は横浜・蔦座の座主の斎藤調三郎に口をきいてやった。斎藤は二〇〇円を用立ててくれた。ただし痴遊も舞台に上がることが条件だった。痴遊は川上の紹介演説をしてお茶を濁した。井上理恵が痴遊の関与を述べているのは、このあたりのことではなかっただろうか。ただ、痴遊の回想は明治二三年の書生ニワカと、体勢を立て直してのぞんだ明治二四年の書生芝居が混線しているきらいもあり、鵜呑みにはできない。また斎藤が用立てたのは一〇〇円で、それは二四年の旗揚げの際だとする説もある。川上は両年とも斎藤の蔦座で興行しているので紛らわしい。

明治二三年の話をすると、横浜を打ち揚げた一座は、九月に東京・芝の開盛座に出る。町廻りに太鼓をたたいて練り歩いたという。町廻りは興行を告げる一番の宣伝であるが、太鼓をたたくのは相撲のやり方なので、却って人目を引く効果があった。歌舞伎役者の場合は駕籠に乗り、桜の造花を飾って町廻りをするのだが、川上たちは人力車に乗った。川上の影響でもなかろうが、新演劇一座は駕籠ではなく人力車に乗るのが慣例となった。

開盛座の興行は明治二三年九月一一日から三〇日、演目は例の「明治二十年国事犯事件顛末」に若宮万次郎の演説、「奥州安達原」三段目と、蔦座と変わらない。三日目の一三日に「国事犯事件顛末」で提出した台本と実際の舞台が違うため興行停止となり、修正をしてまた停止と、そんなことを繰り返したのが却って人気になったという。

開盛座は、かつては「小芝居」と呼ばれた劇場である。川上一座が乗り込む直前、明治二三年八月の「劇場取締規則」により、大劇場一〇、小劇場一二と数が規制された。開盛座は小劇場一二のひとつであった。小芝居は江戸時代からあったが、正式名称は「道外踊」であって、このとき初めて「劇場」と認められた。しかし引幕・廻り舞台・セリなど、大劇場の設備は使用できず、大劇場の俳優が一旦小劇場に出ると二度と大劇場に戻れないなど、厳しい差別があった。俳優の差別は明治二八年、劇場の差別は明治三三年に撤廃される。

開盛座の興行は好評だったようだ。といっても、芝居が警官によって中止させられたり、女形が急に着物の裾をまくって男の声で演説をし始めたりといった類の面白さであって、まだ下卑たショーの域を出ていない。

このあと一一月に一座は水戸・常盤座に移った。そこで若宮万次郎が警官と衝突して官吏侮辱の罪で拘引されることになった。川上は若宮を水戸に残して一旦京阪に帰った。川上には一座の顔触れを一新して再び東京を目指す計画があった。

書生芝居

明治二四（一八九一）年、堺の卯の日座という劇場が、「落語家」としての川上音二郎を買いに来た。川上は落語家としてではなく、「役者」として自分を買ってくれと申し出る。すでに書生ニワカの一座を解散し、ニワカ師をはずした「演劇」の新しいメンバーが揃っていた。

二月五日、卯の日座で「改良演劇」あるいは「改良芝居」を旗揚げする。

旗揚げメンバーには、藤沢浅二郎と金泉丑太郎《かないずみうしたろう》が加わった。

藤沢は慶応二（一八六六）年京都生まれ、最初法律を学んでいたが、雑誌記者に転じる。藤沢と川上を結びつけたのは、先に触れた青柳捨三郎であった。藤沢は台本を書いたり、川上不在の際は座長をつとめたりした川上の右腕である。俳優としては女形を多くつとめた。明治四一年、東京俳優養成所を設立する。

金泉丑太郎は、もとは大阪新町の酒屋の倅で、中村天丸という素人芝居の役者だった。川上が弟子入りしたという落語家の曽呂利新左衛門とは同じ新町生まれなので、そのよしみで川上と知り合った。いくらか芝居の経験があるので一座への加入を求められた。なお金泉丑太郎は詳細な日記を残していて、青々園《せいせいえん》（伊原敏郎）が一部を「金泉丑太郎日記」（『歌舞伎』明治四四年九月―四五年七月）として紹介している。以下しばらくは、「金泉丑太郎日記」と新聞記事の類を照合しながら川上の動きを追ってゆく。

卯の日座で旗揚げをする主要メンバーは、川上音二郎・青柳捨三郎・藤沢浅二郎・金泉丑太郎の四名と決まった。これに水戸で収監されている若宮万次郎を加えると、初期のメンバーが揃うことになる。

川上の一座旗揚げのために、卯の日座では一〇〇円の金を整えた。川上はそのうち五〇円を金泉に渡し、それで役者・衣裳・鬘・鳴物・義太夫・脚本など一切を頼んだ。「鳴物」は「下座《げざ》音楽」ともいい、いわばバックミュージックである。特に歌舞伎では幕開きや役者の登退場の場面では必須である。

「義太夫」は人形浄瑠璃（文楽）で使用される義太夫節で、通常は太夫《たゆう》（語り手）と三味線の二人一組である。これについては若干の説明が要るだろう。人形浄瑠璃の場合、人形（あるいは人形遣い）はものを言わないので、人物のセリフの部分もナレーションの部分もすべて太夫が語る。人形浄瑠璃でヒットした作品の多くは歌舞伎に移入された。このような歌舞伎を「義太夫狂言」という。義太夫狂言では当然人物のセリフは役者が言う。それで終わればいいのだが、そこに義太夫が加わり、ナレーション部分を語って空白を埋めることになる。たとえば『菅原伝授手習鑑《てならいかがみ》』「寺子屋の段」の場合、次のようになる。

〽（略） 眼力光らす松王が、ためつすがめつうかがい見て、
松王丸「若君、菅秀才の首に相違ない、相違ござらぬ。出かした源蔵、よく討った。」
〽言うにびっくり源蔵夫婦、あたりきょろきょろ見合わせり。

有名な首実検の場面である。常識的には人間による演劇の場合、松王丸の役者が「若君」以下「　」内のセリフを発声すれば足りるので、前後の語り（〽）は表情やしぐさで表現すればいいはずである。しかし、これでは間が持たないのだろう、セリフ以外にも、語りの部分を義太夫が担当して、人物のしぐさから心理描写に至るまで説明してしまう。義太夫狂言の場合はそれでいいかもしれない。問題は、人形浄瑠璃によらない歌舞伎オリジナルの作品にすら、この義太夫の手助けを必要とする場合があるのだ。特に義太夫狂言の間合いに慣れた京阪出身の役者には、義太夫が心理描写の助けとなった。幕末の名人・四代目市川小団次は京阪で修業したため、義太夫のイキが染み付いている。小団次のために、歌舞伎作者・河竹黙阿弥はわざわざ歌舞伎の新作に義太夫のパートを準備した。この歌舞伎オリジナルの義太夫を「チョボ」という。

重要なのは、歌舞伎ではなく新しい演劇を標榜する川上の一座に、鳴物やチョボのための義太夫（太夫と三味線）が同行していたという事実である。新しい演劇を目指しながら、いまだ古い技法を必要とした

のだ。新演劇がチョボなしのセリフ劇を確立させるまで一〇年は待たねばならない。

話を明治二四年二月の堺・卯の日座の旗揚げに戻す。演目は、一番目に矢野龍渓の『経国美談』を脚色した「斎武義士自由旗揚《せいぶぎしじゆうのはたあげ》」、二番目に「板垣君遭難実記」(「板垣退助岐阜遭難実記」)を出した。この興行は二月一一日で打ち揚げた。儲からなかったらしい。川上はひとり責任を取り、自分の判で借用証文を書いた。却ってそれが信用を得た。それから単身横浜・蔦座に交渉に行き、一〇〇円の金を都合して送ってきた。大阪で待機していた一座はその金で横浜に向かった。二月一六日のことである。二三日には水戸監獄署より若宮万次郎が出獄して一座に合流した。ほかに素人書生(学生)二〇人ばかりが同行した。川上は自分を「先生」と呼ばせた。

三月一日より横浜・蔦座で「経国美談」を上演し、切には「オッペケペー節」を出した。このときの新聞記事には「書生芝居」の語が見える。六日、若宮万次郎のセリフが治安に妨害ありとして上演中止となる。そこで八日から二の替りを出す。演目は「板垣退助岐阜遭難実記」で、一五日まで興行した。当地に御目見得して最初の演目を「初日」、次の演目を「二の替り」、以下「三の替り」「四の替り」と続くのが常である。しかし横浜・蔦座の興行は入りが悪く、二の替りまでしか続かなかった。大阪の借金取りも取り立てにきた。川上は蔦座の座主・斎藤に頼んで小田原の劇場を手配してもらった。

三月二一日から小田原・桐座に移る。初日は「板垣退助岐阜遭難実記」と「オッペケペー節」で、珍しく大入だった。ところが二日目か三日目に二階桟敷から洋服の客がケチをつけ始めた。青柳捨三郎は二階へ跳びあがってその「洋服」をつかまえ、ちょうど劇中に弁護士に扮していた藤沢浅二郎が、本番さながらのセリフで観客に向かって「洋服」を謝罪させた。二五日に中止。理由はわからない。二七日から二の替り「大井憲太郎氏国事犯顚末」（大阪事件）と「オッペケペー節」を出して三〇日で打ち揚げた。

その後一座は同じ小田原の鶴座に移った。初日は四月二日である。

四月七日のこと、例の「洋服」が差し向けた壮士二〇人ほどが芝居を妨害しようとした。これに対し人力車夫の団体が俳優側についたので、両者入り乱れて大喧嘩になった。川上は裁判にかけられる。川上不在のため芝居はおあずけになった。一八日には川上の実父と継母が九州から出てきて証人になった。川上は一旦無罪となったが、検事が不服を唱えて控訴したので、二一日、川上は横浜に送られた。裁判の間にも、川上は東京進出を考えていた。四月二九日、無事釈放される。この間に東京・中村座出演の話もまとまりかけたようだ。五月、横須賀・立花座で興行をしながらその首尾を待った。

伊藤痴遊によると、中村座進出については菅野通親が大阪からやって来て一切を引き受けたということである。さらにのちに川上一座に入る福井茂兵衛が協力をした。福井の姉は中村座付きの芝居茶屋・丸鉄の女主人であったから、話がまとまったらしい。藤沢浅二郎は、いつのまにかこの女主人と夫婦になってしまった。

中村座進出

明治二四（一八九一）年六月、川上音二郎一座は東京の大劇場・中村座に進出した。

中村座といえば、江戸時代には幕府から興行を許された江戸三座（中村・市村・森田〈のち守田〉）の筆頭である。江戸三座は天保の改革によって天保一三（一八四二）年に江戸の中心地から浅草猿若町の辺地に追いやられていた。三座のうち、守田座の座主・一二代目守田勘弥は明治維新後政府高官に接近し、都市計画を聞き出していち早く都心の新富町に進出した。市村座は明治四年にすでに権利を他人に譲って退転していたが、明治二五年に下谷二長町《にちようまち》に移転して再起を期すことになる。一番由緒正しい中村座だけが取り残され、座主も名称も変わったのち、明治一七年に浅草新鳥越町に移転した。江戸で最も由緒正しい劇場が、書生芝居を呼ばねば立ちゆかないほど追いつめられていたのだ。

　中村座の初日は六月二〇日、午前一〇時から開場した。一番目は「板垣君遭難実記」五幕、中幕（上）「花柳《かりゆう》噂《うわさの》存廃《ぞんぱい》」、中幕（下）「監獄写真鏡」、二番目「観懲《かんちよう》美談《びだん》児手拍《このてがしわ》」である（ただし二番目は上演されなかったという）。

　朝から夕方まで芝居を行う慣習は江戸時代同様まだ続いていた。この長丁場を、素人同然の俳優たちはどのように乗りきったのだろうか。これについては小田原時代に関する藤沢浅二郎の証言が参考になるだろう。少し長いが引用する。

　藤沢〔浅二郎〕は、毎日芝居が閉場《はね》ると、其の日の新聞にあった三面雑報から材料《たね》を取って、一夜漬けの脚本を拵えたが、身体《からだ》は疲れているし、徹夜をしても書き上げるという勇気はないから、全五幕ぐらいのものを二幕か三幕書いただけで、後は止してしまう。それで翌日平気で開場すると、宵の内から観客が押掛けて来るので、とりあえず出来上がった脚本だけを演じて居る内に、半出来の脚本がなくなってくる。で、いよいよモウ脚本が無いとなれば、台詞に交ぜて政談演説を始め、政府攻撃をオッ始める。臨場の警官は、直ちに中止を命ずる。一座の面々は、中止と聞いて一安心。これで今日は無事に済んだという調子だ。今から考えると、ずいぶん乱暴な話であるが、当時はこの中止が、人気を沸騰させる唯一の利器であった上に、俳優もまた、この中止によって身体を休めることが出来たのだ。

（「川上夫妻を語る」『自伝音二郎・貞奴』）

誤解を恐れずに言えば、中村座に進出する前の川上一座は、臨監の中止命令だけが頼りで、まともに演目を通して上演するだけの実力はなかったのだ。これは、川上が演説遣いとしてスタートしたときの状況とどこか似ている。

さて、明治二四年六月二〇日、東京・中村座の初日である。「板垣君遭難実記」上演中、青柳捨三郎扮する板垣退助が、川上扮する相原尚褧《しょうけい》に刺される場面になった。そこに花道を静間小四郎の警部と巡査二名が駆けつけた。座元はじめ劇場関係者はまたもや中止かとざわめいたが、舞台番が「おい、にせの巡査だよ、狂言だよ」と止めて、一部始終は劇中の出来事だとわかった。それほど演技がリアルだったということだが、一方で臨監に止められることが日常茶飯事だったということがわかる。ちなみに「舞台番」は観客が芝居を妨害するのを見張る役である。江戸時代の制度だが、明治中頃まではあったのである。

こうしたハプニングはあったものの、「板垣君遭難実記」は七月六日まで上演された。届出にないセリフを言ったため七月六日に中止命令を受けたが、これがなければさらにロングランとなっただろう。ここが地方と中央の違いである。地方では観客の絶対数が限られているので、演目を頻繁に替えていかなければもたない。一方中央では特定の演目に腰を据えて取り組むことができる。その過程で一座は着実に実力をつけていったと思われる。

「佐賀暴動記」

中村座の興行は七月に二の替り「拾遺《しゅうい》後日《ごにち》連枝《れんし》楠《のくすのき》」と「希臘《ギリシャ》歴史経国美談」、九月に三の替り「佐賀暴動記」と出し、一〇月までロングランを続けた。大成功と言ってよい。

特に依《よ》田《だ》学海《がっかい》に依頼した「拾遺後日連枝楠」を舞台にかけたことは意義のあることだった。依田学海は改良論者だが、旧弊な漢学者だから作品そのものに新しさはない。史実に立脚し、皇道思想を広める格調高い作品を目指したにすぎない。もっとも学海は自分の作品を演劇改良のためのお手本だと自負していたようだ。ともあれ、いままでとは傾向の違う作品で、かつ外部に依頼した作品を無難にこなしたことは、一座を成長させた。

書生演劇の大成功は、演劇史上の革命ともいうべき事件だった。演劇といえば歌舞伎しか考えられなかった時代に、新しい演劇のかたちをはっきりと提示したのである。

川上の新演劇の新しさは、第一に「いま」を描いているということである。

第一回から第三回の公演に出された演目、「板垣君遭難実記」「経国美談」「佐賀暴動記」には、「明治」という時代が抱えている問題が採りあげられている。たしかに歌舞伎も常に同時代を描いてはきたが、それはあくまで風俗描写のレベルであって、時代の精神を描くには至っていない。「国家」という概念を持っていないのだから当然だ。

その風俗描写においてすら、歌舞伎は新演劇に一歩ゆずることになる。つまり第二の点である。川上の新演劇は、最新の風俗をリアルな演技によって見せた。セリフまわしは流暢で、新しい言葉、すなわち漢語にあふれ、芝居がかったところがない。漢語は英語の翻訳語と考えてよい。つまりハイカラの言葉で、官員や銀行員など、当時の最先端の階級の話す言葉でもある。得意の立廻りは、生傷もなんのその、真に迫って面白い。俳優たちは常に満身創痍、「経国美談」では川上は惣身に一四ヶ所の傷を負い、「佐賀暴動記」からは楽屋に医師を常駐させるに至った。はたしてこれが「演技」といえるのかについては議論の余地があるが、少なくとも歌舞伎のような段取りの芝居はそこには存在しない。この差はのちに述べる日清戦争劇において決定的になる。

第三の特徴は、川上の演劇にはなんらかの「教育的」な要素があるという点である。

明治二四年七月に発表された「川上一座の制法」は、新演劇は「普通演劇」すなわち歌舞伎の弊害を矯正することが目的であり、座員は社会教育の先導者となるべきだとうたっている。「歌舞伎の弊害」には、演劇を支える旧い制度や因習も含まれているが、ここで問題とすべきは内容だろう。歌舞伎には、いまだにあくどいラブシーンや流血シーンが横行していた。近代化を進める政府は「演劇改良」をさかんに唱えるが、歌舞伎界内部からは殻を破って一歩踏み出そうとする者は少なかった。一方、川上の演劇にはいわゆる「エロ・グロ・ナンセンス」の要素がほとんどない（ナンセンスに関しては意見が分かれるかもしれないが、それはなにを以て「ナンセンス」とするかによる）。川上は「改良」の最先端にいたのだ。

世間では「壮士芝居」「壮士演劇」などと称したが、川上は「書生演劇」「書生芝居」の看板で通した。ごろつきの「壮士」ではなく、「書生」という真面目なイメージを貫いたのである。中村座に移ってからは、特にそのイメージを世間に浸透させることに腐心した。井上理恵も同様の指摘をしているが、ここは松本伸子《しんこ》『明治演劇論史』から引こう。

川上音次郎は、この興行に当って、舞台そのものの工夫以外にも世間の評判を得るための一種の輿論作りに策を用いたようである。つまり、川上の品行に関する一連の報道を通じて、従来の歌舞伎役者とも違うが粗暴な壮士くずれでもない。一人の真面目な男のイメージを作り、そういう事に神経過敏な或る種の人々の共感を得ることも策したのではないかと思うのである。

そのイメージ作戦の例として次のようなことが挙げられる。

1　小田原で川上に手紙を送ったりする女に見向きもせず、追って来た女や金指輪を贈ろうとした女はその夫や両親に報告した。

2　一一歳で別れて以来一度も会っていなかった両親を東京に呼び、母のためにダイヤ入り純金の指輪を注文した。

3　川上が巡業で留守の間に元芸者の女房が役者と浮気をした際、川上はそれを許さず離縁した。

4　貧民に寄付をしたり、軍人・学生を無料で芝居に招待した。

1についてては、横浜・小田原のときの行状を知れば、川上の性格が正反対であることがわかる。2については既にすでに述べたとおり、両親は川上の裁判の証人として横浜に呼ばれているから、親孝行のために東京に呼び寄せたのではない。3は、そもそも元芸者の女房は川上が旦那から略奪してきたものであり、川上自身もその間様々浮き名を流しているので離縁したとて美談にはならないし、そもそも正式な結婚だったのかどうかもわからない。4は、川上の性癖としか言いようがない。慈善・奉仕の精神が心からのものなのか、名士として自らを装うための戦略なのか、それは本人にも区別のつかないメンタリティーだったのではないか。

これらのことは、川上が法螺《ほら》吹きであることを考えると驚くにあたらない。驚くべきは短期間に一座の実力が飛躍的に上がったことである。

河竹黙阿弥門下の歌舞伎狂言作者・久保田彦作は、全く変わろうとしない歌舞伎界に対して、川上一座を黒船にたとえた。改革は、えてして外部からの刺激によって生まれる。というより、外部からの刺激によってしか生まれないものだ。

「オッペケペー節」

中村座の書生演劇でブレイクしたもののひとつに「オッペケペー節」がある。

「オッペケペー節」のルーツをたどると、もともと東京吉原の幇間の間で演じられていた「ヘラヘラ踊り」あたりに行き着く。明治一三（一八八〇）、四年頃、落語家の「ヘラヘラ坊万橘《まんきつ》」こと三遊亭万橘が寄席の高座にかけて流行し、さらに関西の落語家に伝わって多くの亜流を生んだ。ヘラヘラ踊りでは「ヘラヘラヘッタラ、ヘラヘラヘ、オヘケヘホー、ヘッヘッヘイ」と言っていたのを、大阪の桂藤兵衛が「オッペケペー」と訛って、「オッペケペー節」として京阪の落語家の間で流行した。

すでに述べたように、川上自身も自由童子を名乗った明治一六年七月に民権数え歌の「一ツトセ節」を歌っている。

流行歌の多くは寄席から生まれたのである。つまり落語家のものであって、なにが出てきても不思議はない。したがって川上の「オッペケペー節」が突然変異として現れたのではない。

「オッペケペー節」を川上がいつ歌い出したかについては諸説ある。明治二一年、大阪千日前の井筒席だとする説、同年の博多柳町の翠糸《すいし》小学校開校式で歌ったとする説、明治二二年二月の自由党懇親会の席上が最初だとする説、あるいは同年五月の博多来演時だとする説もある。しかし様々な状況から判断して、川上が「オッペケペー節」を始めたのは意外に遅く、明治二二年の終わりではないかと思われる。いずれにせよ「オッペケペー節」は川上が発明したものではなく、ある時期まで集団で共有されてきたものなので、その起源を追求することに意味はない。

ただし川上の「オッペケペー節」は歌詞に独特なものがあった。

次に挙げるのは、最も人口に膾炙《かいしゃ》し、印刷物にも最もよく現れる「オッペケペー節」の詞章である。省略せずに全文を原文のまま掲載しよう。

権利幸福きらいな人に。自由湯をば飲ましたい。
オッペケペ。オッペケペッポーペッポーポー。
堅い上下《かみしも》角とれて「マンテル」「ヅボン」に人力車、意気〔粋〕な束髪ボンネット。貴女《きぢよ》に紳士のいでたちで。外部《うはべ》の飾はよいけれど政治の思想が欠乏だ。天地の真理が解らない。心に自由の種を蒔け。オッペケペ。オッペケペッポペッポーポー
米価騰貴の今日に。細民困窮省《みかへ》らす　目深に被《か》ふた高帽子。金の指輪に金時計。権門貴顕に膝を曲げ。芸者たいこに金を蒔き。内には米を倉に積み。同胞兄弟見殺《みごろし》か。幾等《いくら》慈悲なき欲心も。余り非道な薄情な但し冥途の御土産か。地獄でゑんまに面会し。わいろ遣ふて極楽へ。行けるかへゆけないよ。オッペケペ。オッペケペッポーペッポーポー
亭主の職業は知らないが。おつむは当世の束髪《そくはつ》で。ことばは開化のかんご〔漢語〕で。みそか〔晦日〕のことわりかめ〔洋犬〕だいて。不似合だ。およしなさい。なんにも知らずに知た顔。むやみに西洋を鼻にかけ。日本酒なんぞはのまれない。ビールに。ブランデー。ベルモット。腹にもなれない洋食を。やたらに喰ふのもまけおしみ。ないしよでこうかでへどついて。まじめな顔してコーヒ飲む。おかしいね。ヱラペケペッポ。ペッポーポー
侭《まま》になるなら自由の水で。国のけがれを落したい。オッペケペ。オッペケペッポーペッポーポー。
むことり島田に当世髷。ねづみのかたきに違いない。かたまきゾロ〳〵引づらし。船来もようでりつぱだね。買う時ア大層おだしだろう。夏向アあつくていらないよ。其時アおつかゞ。すいりよして。おそでにかくして一トはしり。からくり細工にいてくるよ。ヲヤ大きなこゑでは。いわれない内証だよ。

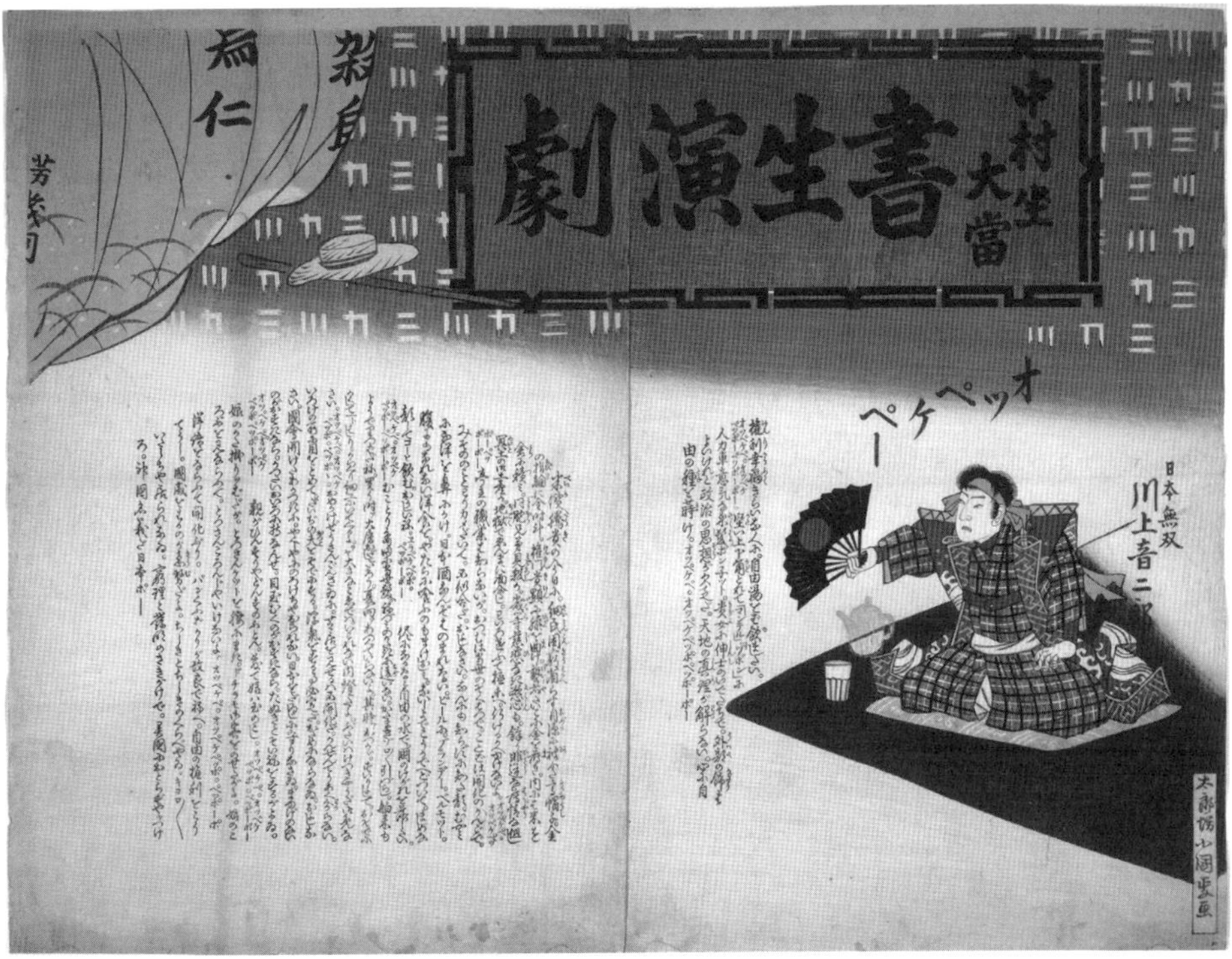

「川上音二郎書生演劇」（福岡市博物館所蔵。画像提供：福岡市博物館 / DNPartcom）

ぶたいはけつきやうだ御免なさい。オッペケペ。オッペケペッポ。ペッポ、。

おめかけ〔お妾〕ぜうさん〔嬢さん〕ごんさゐ〔権妻〕に。芝居を見せるは不開化だ。かんぜんてうあく〔勧善懲悪〕分らない。いろけの所に目をとめて。だいぢの夫をそでにする。浮気をする事必定だ。おためにならなゐ。およしなさい。国会開けたあかつきに。やくしやにのろけちやおられない。日本をだゐじに守りなさゐ。まゆげのないのがおすきなら。かつたいおいろに持なんせ。目玉むくのがおすきなら。たぬきとそいねをするがよゐ。オッペケペ。オッペケペッポ。ペッポーポー。

親がひんすりやどんすのふとん。敷て娘は玉のこし。オッペケペ。オッペケペッポ。ペッポーポー。

娘のかた掛りつぱだが。とつさんケットを腰にまき。ドチラモ御客をのせたがる。娘のこ

ろぶを見ならふて。とつさんころんじやいけないよ。オッペケペ。オッペケペッポ。ペッポーポ
洋語をならふて開化ぶり。パンくふばかりが改良でねへ。自由の権利をこうてうし。国威をはるのが
急務だよ。ちしきとちしきのくらべやゐ。キヨロ〳〵いたしちや居られなゐ。窮理と発明のさきがけ
で。異国におとらずやツつけろ。神国名義だ日本ポー

冒頭「権利幸福きらいな人に。自由湯をば飲ましたい」の部分は七・七・七・五（正確には三四・四三・三四・五）、伝統的な江戸歌謡のリズムである。江戸時代の都々逸《どどいつ》も、大正時代にヒットする「カチューシャの唄」や「ゴンドラの唄」も、みなこのかたちだ。川上の「オッペケペー節」の場合、そこから「七・五」に急転してラップ調になり、同時に内容も攻撃的になっていくのが心地よい。

平成九（一九九七）年に東芝ＥＭＩから出たＣＤ『蘇るオッペケペー』に「オッペケペー節」が収録されている。これは一九〇〇（明治三三）年のパリ万博の際に川上の弟子たちが吹き込んだもので、歌詞も右に挙げたものと異なる。ただこれを聞く限り、最初の都々逸調と最後の「オッペケペッポ　ペッポーポ」だけに節が付いていることがわかる。特に最後の「ペッポーポ」は「ペッポッ、ポー」と投げ出すように歌う。現在「オッペケペー節」を伝承保存している団体があるが、少し行き方は違うようだ。

先に述べたように、「オッペケペー節」は「オッペケペーの隊長」（『日出新聞』明治二一年八月二三日）こと桂藤兵衛が本家であり、明治二二年前後に京阪で多くの亜流を生んだ。川上もまた亜流のひとつである。ただし「新体オッペケペー節」（『国民新聞』明治二三年八月二八日）である点に新しさがあった。従来の「オッペケペー節」の歌詞はいたって罪のないものだったと思われる。しかし川上のそれは困窮する

庶民の側に立って為政者を批判し、返す刀で西洋かぶれの上流階級を攻撃し、風俗の乱れを糾弾する。そこには自由民権運動に内在していた弱者の視線と鬱屈したナショナリズムが見える。自由民権運動と征韓論はどこかでつながっているのだ。もっとも川上自身どこまで意識していたか疑問である。作者は若宮万次郎であった。

川上の「オッペケペー節」は明治二二年一二月に刷り物となり、明治二三年から二四年にかけて関東に浸透し、やがて川上独自のもののように受け容れられたと思われる。その独自性を主張するかのように、①後ろ鉢巻、②緋色の陣羽織、③日の丸の扇（軍扇）の三点セットが扮装として定着してゆく。永嶺重敏『オッペケペー節と明治』に詳細に論じられている。

なお、中村座興行中の明治二四年七月、若宮万次郎が川上との折り合いの悪さから一座を離脱している。「オッペケペー節」の作者がいなくなったわけだ。若宮なきあとは川上と藤沢浅二郎が合作した例があるが、単発に終わっている。

新演劇、市民権を得る

「日清戦争」

書生芝居の余波

中村座における川上音二郎一座の大成功は、歌舞伎出身者以外の素人でも俳優になれるのだということを世間に示した。川上のもとへは俳優志願の手紙が一四〇通以上も送られてきたという。明治二四（一八九一）年八月、川上は一〇名を雇い入れるつもりで俳優募集広告を出す。新富座で「忠臣蔵」を上演する計画を立てており、四七士を演じる俳優が足りなかったのだ（結果的にこの計画は反故《ほご》になった）。はたして二百四十余名が向島の川上宅に押し寄せた。そのうち熱心な者五〇名に絞り、さらに試験をして見習生（有給）・候補生（無給）各一〇名を定めた。いまでいうオーディションである。踊りを歌舞伎出身の座員が審査し、その他を青柳捨三郎・岩田庄之助・金泉丑太郎・川上音二郎・藤沢浅二郎で担当した。藤沢は「文章の試験係」をしたらしく、その方法は「今日などから見るとむしろ大いに秩序が立っていた」とのちに回想している（「俳優志望者及大道具の話」）。

一方、川上一座から脱退・独立する者も現れた。「オッペケペー節」の作者であった若宮万次郎は、七月に脱退して、九月には自らの一座を率いて横浜・湊座で興行を始めた。

また、八月には「鼠文子」なる川上一座の狂言作者が、一座の俳優をごっそり引き抜こうとする。開店休業状態にあった浅草公園の小劇場・吾妻座で「男女混合演劇」を計画していたのである。この話に吉原遊廓の楼主が乗り、まず青柳捨三郎に目を付けた。青柳は吉原の遊女・小糸に深く馴染んでいたため脱退の構えを見せる。結果的には男女混合演劇の一件はひとまず落ちつき、青柳は次の「佐賀暴動記」までは一座に留まるが、その千秋楽のあと、吉原連に促されて脱退することになる。

こうした分裂騒動もあって、一座に苦情が絶えず、一〇月一八日の「佐賀暴動記」終了後に一座は一時解散、新規則を定め、翌一九日に再組織をすることとなる。

川上一座の内紛には先に触れた「男女混合演劇」の引き抜き騒動が影を落としているわけだが、その黒幕たる狂言作者「鼠文子」は、依田学海《よだがっかい》のことであろう。学海は川上一座に作品を提供し、かつ演劇改良に関する様々なアドバイスをしていた。特に女形を廃止して、女の役は女優がすることにこだわっていたようだ。すでに明治二三年八月の劇場取締規則により、男女が打ち混じって舞台に上がることが許されていたのである。女優の採用に関して、川上との間に合意は得られなかった。川上の右腕である藤沢浅二郎は女形なのである。

一一月、吾妻座は「済美館」と改名し、「男女合同改良演劇済美館」の名で興行を行う。依田学海は顧問となり、自ら書いた演目「政党美談淑女之操」を上演した。このとき千歳米坡《べいは》と伊井蓉峰《いいようほう》が参加している。千歳米坡は、もとは米八という葭町《よしちょう》出身の芸者で、当時は光明寺三郎というフランス帰りの演劇改良論者の妻であった。米八改め千歳米坡は、この興行への参加によって、わが国の女優第一号となった。

伊井蓉峰は、学海の友人で写真家の北庭筑波《きたにわつくば》の息子である。八月のオーディションに応募して一旦は川上一座に入ったが、冷遇されたので脱退した。容姿に自信があった。伊井蓉峰は「いい容貌」の意らしい。

男女合同改良演劇で上演された「政党美談淑女之操」は依田学海の演劇改良の理念を体現しようとするものであった。女優の登用もさることながら、劇中に一切チョボ（義太夫）や鳴物を使用せず、純粋なセリフ劇のかたちをとった。ただし同時に上演されたのは純歌舞伎風の劇と米坡による舞踊「関の扉」だっ

「平野次郎　薩摩沖海上の場」

たから、全体としては統一性を欠くものになった。男女合同改良演劇はこの一回で解散する。

かたや川上音二郎はこの間地方を回り、翌明治二五年一月一四日より三一日まで、中村座改め鳥越座で「平野次郎」を上演する。このとき次のような広告を出した。

川上一座は普通の演劇にあらず　殊に当興行の平野次郎は教育上最も必要の狂言なり。されば今日以降将来、軍人学生に限り無料にて看劇せしむ。

（『中央新聞』一月二二日）

さらに川上は、同年二月「川上一座の憲法」を発表した。「憲法」では改めて「社会教育的」演劇を目的とすることをうたい、座員には規則の厳守を徹底させた。

その細則にいう。「興行中いかなる理由ありといえども婦人の招聘に応ずることを禁ず」。「社会教育的」を地でいくような一文だが、「興行中とは開場時間より閉場時間までをいう」と但し書きがある。そして川上は「興行中」以外の時間に、葭町第一の芸者・奴《やっこ》と密会、いや堂々と逢瀬を重ねていた。この奴こそ、のちの川上の妻にして日本最初の本格的女優となる川上貞奴である。

川上が奴と関係を持ち始めた時期については諸説あるが、明治二四年九月以前のことだと考えるのが妥

「平野次郎　福岡牢内の場」

当だろう。景山英子《ひでこ》が「近年細君のお蔭にて大勲位侯爵の幇間《ほうかん》とな」ったと川上を誹《そし》ったのは、九月二二日から一〇月一八日に中村座で上演された「佐賀暴動記」を観たときのことである。

奴の「旦那」は初代総理大臣・伊藤博文だった。伊藤の腹心は福岡出身の金子堅太郎、同郷のよしみもあって川上と意気投合する。金子はなにかと川上をひいきにしてくれた。

明治二五年三月には、金子が誘ったのだろう、松方正義首相と、伊藤の娘婿で衆議院議員にして演劇改良論者の末松謙澄《けんちょう》が、川上の芝居を観に来た。四月には黒田清隆侯爵の園遊会に招かれ「備後三郎」（「児島高徳」）を見せる。五月には皇后の前で「平野次郎」を上演する話までもちあがった。ただしこれは皇后の体調不良で中止となる。

ここまで貴人の観劇が続くと、ゲテモノ扱いしていた人間も川上を無視できなくなった。また川上の方も、庶民の側にばかり立ってもいられなくなる。「オッペケペー節」も引っこめた。奴との縁で、川上の状況はあわただしく変わりつつあった。

奴は川上より七つ年下の明治四年生まれ。幼くして葭町の浜田屋にもらわれ、「お侠《きやん》」で通った浜田屋の可免《かめ》のもとで成長した。

養母の影響からか、乗馬・水泳・玉突きなどをこなす男勝りで、それがまた伊藤ら政府高官にかわいがられた。当代一流の男たちが常に奴を取り巻いていた。歌舞伎役者の四代目中村福助もそのひとりだった。福助はその後、五代目中村芝翫《しかん》、五代目中村歌右衛門と襲名して、歌舞伎界の天皇ともいえる存在となる。しかし奴は将来を約束された男には魅力を感じなかったようだ。それにひきかえ、川上には得体の知れないところがある。そして政治家を志しているという。ならばこの未完成な書生肌の男を一人前にしてやりたい、そんな衝動が奴の中にわき起こった。

川上が最初から政治家志望だったかどうかはわからない。相手が政府高官と付き合いのある奴ゆえ、気を惹くためのでまかせだったとも考えられる。しかし嘘から出た誠というのもある。すでに述べたとおり、川上は「教育上」の配慮から軍人・学生を無料招待したり、困窮者のための慈善興行を精力的に行ったりするようになった。それはもはや売名の域を越えており、生涯を通じて川上のある種の「性癖」ともなる。また、明治二四年九月には自前の劇場を持つ計画を持っていたらしい。明治二五年一月には金子堅太郎に同行してヨーロッパに行く計画も報道される。川上の身辺はにわかに動きを見せ始めていた。

第一回洋行

明治二四（一八九一）年、川上音二郎は金子堅太郎の知己を得た。金子は明治一八年から伊藤博文総理の書記官をつとめ、大日本帝国憲法の起草などにも関わった。ハーバード大学で法律を修めた経歴もあり、政府の中でも西洋通のひとりだった。

明治二五年三月、市村座で「鎖港《さこう》攘夷後日譚」「備後三郎」「花宴《はなのえん》団一座《まとうひとむれ》」を上演した際には、総理大臣・松方正義、末松謙澄などが観劇に訪れた。すでに述べたとおりである。

中幕の「備後三郎」に、川上は「新演劇百種の内」と付けた。その後「新演劇百種」は「悪禅師」(明治二五年五月)、「安宅義経問答」(明治二五年一一月)、「矢口の神霊」(明治二六年一月)、「楠正成」(明治二七年一月)などに付されたことがわかっている。川上がどういういきさつで「新演劇百種」を制定したのか、またどういう基準で先に挙げた演目を選定したのかは明確でない。考えられるのは次の二点である。

ひとつは、一座得意のレパートリーを定めておきたかったということである。「備後三郎」をはじめとする新演劇百種の作品は、一日の狂言立てでいうと中幕に位置する。歌舞伎でいうと一番目(時代物)と二番目(世話物)の間に置く短い演目だ。中幕にいつでも差し替え可能な演目を準備することは、一座にとって都合がよかった。

二番目の理由は、「脚本楽譜条例」への対策である。「脚本楽譜条例」は明治二〇年一二月に発布された。現在の著作権法の原型である。それまでは、福沢諭吉著『西洋事情』の海賊出版が大量に出まわるなど、著作権の概念が浸透しておらず、それは脚本や楽譜にも及んでいた。「脚本楽譜条例」によって、著作権上演権を主張することができる。ただしその脚本を出版して版権登録を行わなければならない。幕末から明治にかけての最大の歌舞伎狂言作者・河竹黙阿弥は、自らの作品約二百四十数点を出版し、かつ版権登録を行った。そのうえに「新演劇百種」ならぬ「狂言百種」シリーズを明治二五年から出版する。明治二六年の黙阿弥の死によって「狂言百種」は八冊で中断したが、これが大正の『黙阿弥全集』の構想につながってゆく。一方、川上の「新演劇百種」の出版は確認されていないものの、狂言百種の登場より少し早い。レパートリーとなるべき演目の著作権上演権を確定しておきたかったのだろう。

話を「備後三郎」に戻す。このとき、川上はふたつの新機軸を考えていた。ひとつは劇中に本物の馬を使う計画である。従来の歌舞伎の馬は無論にせ物で、中には二人の役者が入っていた。この滑稽を解消しようとしたのである。もうひとつは、舞台で実際の火災を見せることである。具体的には、火を発する雷鳴器とそれを消す軽便消火器を準備していた。

これらが実現したかどうかはさだかでない。しかしこの目論見には川上のリアリズム志向が表れている。実物主義《アクチュアリズム》と言い換えてもよい。川上は、セリフもしぐさも舞台に表れる諸現象も、すべてが現実の世界と違わずに表現されることを望んでいた。これは川上が生涯を通して追い求めたものといえよう。

時は一九世紀末、ヨーロッパでは演劇の表現に革命が起きていた。フランスのアンドレ・アントワーヌが「自由劇場」を設立したのは一八八七（明治二〇）年である。アントワーヌは自然主義の理論にのっとり、約束事にとらわれない自然な演技を標榜した。舞台装置は、従来はむしろ一目で絵空事とわかるのがふさわしいと考えられていたが、アントワーヌは実物とまがうような装置を好んだ。舞台に生きた鶏や血の滴る肉を用いるなど、極端なリアリズムさえ見られた。こうした実物主義への評価はともかくも、自由劇場の発想はドイツのオットー・ブラームの「自由舞台」（一八八九年）、イギリスのJ・T・グラインの「独立劇場」（一八九一年）へと飛び火して、一九世紀末から二〇世紀初頭の演劇思潮を支配した。こうしたいわば「自由劇場運動」は、近代演劇の最先端を行く「モスクワ芸術座」（一八九八年）へと直接間接につながってゆく。

余談だが、モスクワ芸術座の旗揚げ公演のひとつは、アントン・チェーホフの「かもめ」の再演だった。

演出家のコンスタンチン・スタニスラフスキーは、このとき本物のカエルや犬の鳴き声を使おうとしたらしい。チェーホフは激しく憤ったという。二人の溝はチェーホフの絶筆「桜の園」（一九〇四年初演）に至っても埋まらなかった。スタニスラフスキーは、のちに俳優教育の神様のようにいわれるが、演出家としての履き違えも随分とあった。

ヨーロッパにおける「自由劇場運動」と川上音二郎を結ぶ線はいまのところ見当たらない。しかし、市民社会がある成熟を迎えるとき、現実社会をリアルに映すことは演劇に課せられた使命であり、洋の東西を問わず歴史的必然である。川上が洋行を切望していたことも、リアリズムへの漠然とした欲求だと考えられる。

ただし、当初川上の洋行の目的ははっきりしなかった。

明治二五年一月、川上の後援者のひとり金子堅太郎が外交官に転任することになった。金子が川上を連れて洋行するという噂が立つ。六月にも金子が欧州に出発する際に川上が随行すると報ぜられた。洋行の目的は「政治家の実況調査」であった。ところがこのとき川上は病中にあり、同行がかなわなかったのである。また七月七日、父・専蔵が死去したため川上はしばらく身動きが取れなくなった。

機が熟した明治二六年一月三日、川上は一座を残して単身神戸からフランス行きのメルボルン号に搭乗した。洋行の目的は演劇改良のための欧州演劇視察であり、期間は二年と報じられた。二日前の一月一日、東京・鳥越座は川上不在のまま蓋を明けている。一番目は黒岩涙香作「巨魁来《きょかいきたる》」、中幕は新演劇百種の「矢口の神霊」である。「矢口の神霊」は大薩摩（浄瑠璃の一派）を伴奏とする大道具大仕掛けで、「電気の作用」を利用したというが詳細はさだかでない。藤沢浅二郎を座長とするこの興行は大入であった。

しかし一座にはかねてから川上の身勝手な行動に不満をいだく座員が多かった。それが突然の洋行によって一気に表面化した。川上は収入の多くを洋行費用に充てたといい、福井茂兵衛などは川上の保証人となって負債を負った。新聞紙上に「川上音二郎逃走広告」「川上音二郎除名広告」が発表された。

その後一月二二日に鳥越座が、三月二八日に市村座が類焼し、一座は吾妻座に移る。四月二四日からの演目は「元禄紀聞平仮名草紙」「福島中佐」である。「福島中佐」は、前年二月からシベリアを単騎で横断したことで有名になった福島安正の偉業を劇化したものだが、「烏拉《ウラル》山中の場」が評判だった。なお、四月の時点で福島中佐はシベリア横断中であり、六月にウラジオストクに到着することになる。進行中の事件を劇化したのである。この演目についてはのちに述べる。

さて、二年の洋行と報じられた川上は、四月末に突然帰国する。吾妻座で興行中の座員は、新橋まで出迎えに行った。仲裁する者があったという。

井上理恵は「除名広告」など一座による川上攻撃は一種の宣伝だとする。たしかに川上ならそれぐらいのひと芝居は打つだろう。一部始終すべてが芝居だったともいえるし、それは部分的なものであった可能性もあり、またそれこそ仲裁者があって日々状況が変化したともいえる。

いずれにせよ、川上を中心に再び一座は動き出した。そして故郷の博多で、川上はまたひと芝居打つことになる。

明治二六年博多

明治二六（一八九三）年四月末、川上音二郎はフランスから戻った。その動向はおのずと世間の注目の的になる。なにか洋行土産を披露するかと思いの外、川上は郷里博多に帰る。前年七月に亡くなった父・専蔵の一周忌法要を行うためである。

六月一二日、川上と三〇名とも四〇名ともいわれる座員を乗せた列車が箱崎停車場に着いた。出迎える者数千名。誰もが博多での興行を期待する。しかし川上は「単身で帰省するつもりで門司まで来たのだが、座員が追ってくるので仕方なく門司でこれを待ち、ともに列車に乗っただけだ」と言う。その「座員」とは、のちにわかることだが、藤沢浅二郎・金泉《かないずみ》丑太郎《うしたろう》・木村周平・静間小四郎・水野好美・高田実といった当時のフルメンバーだった。翌一三日には政財界の名士、新聞記者を招き大宴会を催した。

法要は一五日に行われた。亡父ゆかりの三百五十余名と日蓮宗一一ヶ寺の住職を招いたため、寺の敷地では間に合わず、東公園に仮屋を設けた。読経の合間には前年結成された博多音楽隊が演奏し、花火まであがった。宣伝効果をねらったとしか思えないすさまじい法要だ。しかし川上は博多で公演する気はないという。事実この時点で劇場は決定していない。

しかし興行界が人気者の帰郷を見逃すはずはない。教楽社《きようらくしや》と永楽社という博多を代表する二大劇場が争って出演交渉にあたった。おそらくは博多到着以前から、水面下で激しい出演交渉が行われていたに違いない。川上は自分のペースで交渉を有利に運び、博多興行界はまんまとその術中にはまったのだ。結局、教楽社が前の興行を中止してまで川上一座を買い取った。

教楽社の前の興行というのが、いわくつきであった。詳しくは拙著『近代博多興行史』に譲るが、ここでは要点をかいつまんで記す。

前年明治二五年は博多興行界にとって不作の年であった。これを挽回するために明治二六年の教楽社・永楽社は競って大物俳優を招聘しようとした。教楽社は三代目片岡我童《がどう》（のちの一〇代目仁左衛門）、永楽社は三代目中村福助（高砂屋、のちの二代目梅玉）と約束をとりつけた。福助は予定どおり永楽社に来た。しかし我童はなかなか来ない。教楽社は我童を待つ間、馬関（下関）にいた阪東豊太郎一座を呼び寄せ、これに市川右左次を加えて五月一三日に初日を迎えた。我童が来れば豊太郎・右左次一座をこれに合流させる腹づもりだった。しかし結果的に我童は来なかった。右左次が抜け、かわりに大阪から市川三次郎・市川滝三郎・市川翫之助・市川左升らが次々と来て無人《ぶにん》を埋めた。一座の名前は「右左次一座」から「左升一座」に変わった。六月一一日まで興行し、旧節句前のため一二日から一七日まで一時休業した。博多では旧節句前や松囃子（どんたく）、山笠のときは興行を休むのが慣例だった。

休業後の左升一座の演目には「福島中佐」が予定されていた。左升扮する福島中佐が雪の中を走破する場面（おそらくウラル山中だろう）のため、大道具が準備されていた。そこに川上一座が割って入ったのである。当初左升一座は川上一座が乗り込んできたことに不快の念を隠さなかった。しかし休業最終日の六月一七日、川上側が補償金を支払うことで談判が極まった。左升一座は去り、休業直後の六月一八日に川上一座は初日を開けた。

出しものは「鎖港攘夷後日譚」「備後三郎」、次に川上の演説、大切「東京土産」だった。六月二四日に千秋楽のはずが、三日間休養をとって二八日から「阿蘇桜霞求満本」「悪禅師」「福島中佐」（烏拉《うらる》山中の場）で再び蓋を開け（これを「返り初日」という）、七月二日まで興行した。

ここで問題となるのは「福島中佐」である。市川左升の出しものだったはずが、いつのまにか川上のも

「福島中佐単騎遠征」

のになった。もっとも「福島中佐」は川上洋行中の四月に吾妻座で藤沢浅二郎が上演しているから、川上一座の出しものでもある。また書生芝居の山口定雄が「福島中佐」を自作自演したり、松林伯知が講釈に読んだり、はては生人形《いきにんぎょう》（実物そっくりの人形として人気を博した）にもなった。左升と川上が偶然同じ出しものを計画していたとしても不思議はない。しかし左升一座のために準備した大道具を川上が失敬した可能性は高い。というのも、大道具だけは劇場持ちだからである。劇場の寸法は各々異なるので、大道具は劇場側で制作せざるを得ないのだ。寸法が異なるだけでなく、川上の芝居には歌舞伎の大道具のノウハウでは対応できないものが多い。それだけ新しかったわけだ。

　想像の域を出ないが、左升一座が「福島中佐」を予定していることを知り、川上は教楽社を選んだのかもしれない。ちなみに教楽社の道具方は前崎正五郎だと思われる。前崎はその後頻繁に新聞紙上に名前の挙がる博多の代表的な道具方である。川上がそれ以後、博多興行の際には教楽社を使うことになるのは、前崎に全幅の信頼をおいていたからだと思われる。川上は大道具に関しても先駆者である。

ところで川上一座の博多初御目見得の評判はすこぶるいい。新聞劇評は「台辞《せりふ》に一点の誤辞《あやまり》無く、漢語交じりの長口上も立板に水を流す如くスラスラと口を滑りて出るは尋常の文盲役者の企て及ぶ所にあらず」、化粧・衣裳は「一点の白粉を施さず一個の鬘《かつら》を用いず、ありのままの書生風に生えなりの散髪でやり通し」、立廻りは「尋常の演劇にては手真似に応じてコロリコロリと転げるトッタリの馬鹿げた風を一切廃して白《しら》真剣に摑み合い投げ合い怒っては頽べた頭の嫌いなくビシビシと張り飛ばすという趣向ゆえ、喧嘩は真の喧嘩と見え、殺す所はいかにも殺したに相違なしと思われ」るリアルさである（『福岡日日新聞』六月二〇日）。一座が東京・中村座に登場した際の観客の驚きとほぼ同じである。連日札止めの大入り満員だったが、観客の九割は男性だった。

六月一八日から二四日までの前半七日間の収入が『福陵新報』明治二六年六月三〇日付に載っている。収入総額は約一六二七円。前の左升一座の興行を中止して川上一座が割り込んだので、その損失の補償他諸費用約五七五円を差し引いた一〇五二円余がそっくりそのまま一座の報酬となった。興行主は金儲けが目的ではないと言って利益を要求しなかった。この頃の川上一座の給料は幹部俳優で一興行につき数十円だから、川上の懐にどれだけの額が入ったか想像できるだろう。川上は俳優に対して十分な手当てをしなかったらしい。前半の収入のうち一〇〇〇円はかねて計画中の川上座建設に充てられたのである。

静間小四郎の回想によると、教楽社の興行のあと、静間小四郎・木村周平・金泉丑太郎が給金の要求をした。返事がないまま、一座は馬関（下関）・広島などを廻って神戸、京都、名古屋、大阪、横須賀と巡業を行った。京都に入ったときに静間・木村・金泉は「三友会」なるものを組織し、一座から分離して道場の芝居で興行をする。その結果、大阪・浪花座に乗り込んだ際には、三人は首を切られた。もっともこれは静間の記憶違いの可能性が高い。記録によると、その後も静間・木村・金泉は一座に残るからである。ただし給金をめぐる問題が常にあったことはたしかだろう。

この年の一〇月、貞は芸者「奴」を廃業し、川上と事実上の夫婦になった。

「意外」シリーズ

博多への里帰り公演に始まる巡業から東京に戻った川上音二郎一座は、明治二七(一八九四)年一月より洋行の成果を見せることになる。

新しい演劇を上演するために、「書生演劇」の看板はおろし「川上演劇」を名乗ってイメージも一新する。岩尾慶三郎・小織桂一郎・水野弘美・高田実らの俳優を揃えた。

「川上演劇」第一作は、明治二七年一月、浅草座で上演された。タイトルは「意外」である。

「意外」は実話にもとづいている。明治二四年頃話題となった「盗賊判事」の事件である。

明治一三年、三井物産の社員・渡辺魁《かい》は着服横領の罪で終身刑となる。その後渡辺は脱獄し、戸籍を偽造して辻村庫太《つじむらくらた》と名乗る。辻村は東京で法律学校に入り、卒業後、判事登用試験に合格、明治二三年には長崎裁判所の判事にまでなる。ところが渡辺魁の顔を知る警察官に正体を見破られる。

川上はこの事件をもとに、脱獄した判事が旧悪を知る情婦を殺して口止めし、その死体を自ら検死するという趣向に発展させた。井上理恵が水上勉の『飢餓海峡』に似ていると指摘している。

「意外」はいわゆる探偵ものに仕上がり、ピストルや電話といった小道具を使い、暗転で装置を転換するなど、新しい演出に満ちていた。客席を暗くして舞台にのみ照明をあてたのも、これが最初である。場面が次々と変わり、しかもその転換にかかる時間が非常に短いのが川上の演劇の魅力だろう。歌舞伎の幕間は非常に長かったらしい。岡本綺堂によると、たとえば九代目団十郎と並ぶ名優・五代目菊五郎は、化粧に凝るために幕間を長く取った。その間客は外に出て遊山したという(『ランプの下にて』)。それはそれで観劇習慣として悪くないが、息もつかせぬ冒険活劇を見せるのが新しい演劇だった。

第二作は「又意外」という。やはり浅草座で上演された。西洋種の翻案劇で、探偵ものに社会劇の要素が加わっている。もとは「三人兄弟」のタイトルで早くから予告されていたものである。松本伸子《しんこ》によると、フランスのポール・デイグルモンの戯曲「Mére et Martyre」を下敷きに、イギリスのL・D・ルイスの「鈴」(The Bells)を挿入した翻案劇だという。また「相馬事件」の脚色でもあった。

「相馬事件」は、福島県の旧藩主・相馬誠胤《ともたね》が精神病とされ、監禁されたり癲狂院《てんきょういん》に入れられたりしたあと死去した事件である。これに対し旧藩士の錦織《にしごり》剛清らは、殿様の死は毒殺であり、お家の財産を横領しようとするものの陰謀だと訴えた。「又意外」の上演された明治二七年はまさに係争中である。なお志賀直哉の父・直道は陰謀側の人物であり、直哉はこれを嫌った。志賀直哉の生涯のテーマとなった「対立と和解」は、この相馬事件に端を発しているといえるのである。

「又意外」に話を戻すと、藤沢浅二郎扮する女主人公の令嬢が悪人であるという設定も珍しかった。川上は、北海道の夢の場の雪中の場面に使用するために、道具を調達したり、北海道産の犬二匹を買い求めたりした。例の実物主義だが、この犬が実際に劇中に登場したかどうかは不明である。また、この演目には法廷の場面がある。川上は裁判を実際に傍聴して参考にした。

「又々意外」

初日は明治二七年二月二二日であった。前評判が高く、「付け込み」いまでいう前売りが三月七日の分まで完売した。照明による演出、大がかりな装置などがうけて「意外」以上の大当りになる。本来ならば大当たりの場合日延べするところだが、函館・池田座との約束があったため、三月二三日で打ち揚げた。

第三作は「又々意外」、七月六日より浅草座で開演した。本水《ほんみず》の雨を天井から降らせたり、本物の泥を使って泥だらけの大立廻りをしたり、実際に動く汽車を作ったりと、川上のアイデアはどんどんエスカレートしていく。ただし汽車のセットはうまく動かないため、一旦公演を中止する羽目になった。

筋は次のとおりである。

大森村の豪家・稲田源蔵は柳橋の芸者・八重子を後妻とする。八重子は源蔵と先妻との子・源一郎に遺産が渡るのを避けるため、源蔵を言いくるめて幼児の源一郎を大川に投げ捨てる。渡し守・三次は源一郎の命を助ける。源一郎は成長し、放蕩無頼となり、新橋から大森までの汽車の中である紳士を殺して金を奪い取って洋行する。この紳士こそ、源一郎の実の父・源蔵であった。帰国した源一郎は、八重子の夫となる。知らずして実の父を殺し、継母と関係を持ってしまったのだ。八重子は善心に戻り、源一郎は身を隠すために逃げるが、大森浜で雷雨のなか逮捕される。

ここまで説明すればもう十分だと思うが、これはギリシャ悲劇の名作「オイディプス王」(ソフォクレス作)、フランス語で「エディプス・ロア」の翻案である。

ここでしばしば登場する「翻案」について説明する。「翻訳」は原作の人名・地名などすべての設定を忠実に日本語にすることをいう。一方「翻案」は、観客・読者の理解の助けとなるよう、設定を日本に置き換えることをいう。たとえばのちに紹介するが、ハムレットは葉村年丸《はむらとしまる》、オセロは室鷲郎《むろわしろう》というふうに、それらしい名前にかえて日本人にしてしまうのである。

現代からすると滑稽なようだが、当初演劇において翻訳はほとんど用いられなかった。海の向こうの話を見せられても観客は戸惑うだけである。翻訳という作業の難しさという問題も根本的にはある。

日本における西洋由来の翻案物の上演は、明治五年九月、京都・北側芝居の「其粉色陶器交易《そのいろどりとうきのこうえき》」、京都・南側芝居の「鞋補童教学《くつなおしわらべのおしえ》」が最初だと言われている。いずれも中村正直訳『西国立志編』を佐橋《さばし》富三郎が翻案したもので、四条通を挟んで南北の劇場で同時に上演されたのであった。北側は市川右団次、南側は初代実川延若《じつかわえんじゃく》が主演した。ほかに翻案ものとして明治一八年五月、大阪・戎座の「何桜彼桜銭世中《さくらどきぜにのよのなか》」が有名である。三代目勝諺蔵《かつげんぞう》による「ヴェニスの商人」の翻案で、主演は演劇改良論者・中村宗十郎であった。

こう書くと、翻訳より翻案の方が文化的段階として遅れているように思われるが、たとえばシェイクスピアの「マクベス」を黒沢明が映画「蜘蛛巣城」に翻案した場合、設定を移すことで原作に潜在していたテーマやモチーフが表出するわけで、必ずしも翻訳の方が翻案より優れているとは言い切れない。「意外」シリーズは信じられないような大当たりを記録した。しかしこのシリーズは三作で打ち止めとなる。明治二七年八月、日清戦争が勃発したからである。機を見るに敏な川上は、すぐに日清戦争劇にとりかかった。「意外」シリーズのスペクタクル性は、そのまま日清戦争劇に受け継がれることになる。ただし照明や装置などの新機軸は、東京の劇場なら可能であっても、地方ではそう簡単ではない。川上は大道具の製作に時間を要してしばしば初日を延期せざるを得なかった。しかし地方公演をしなければ、劇団は生きてはいけない。特に川上の場合は新劇場建設のために資金が必要だった。

日清戦争劇

明治二七（一八九四）年八月一日、日本は清国に対し宣戦布告する。東京・浅草座で「又々意外」を上演していた川上音二郎は、八月三日、好評のうちにこれを打ち揚げた。そして四日後の八月七日には警視庁に出頭して、日清戦争劇の脚本認可を願い出ている。当初のタイトルは「支那征伐」であった。

四日で脚本を書いたとしたら驚くべき速さだ。日清両国は実際には七月から戦時体制にあったから、川上は宣戦布告を見越して脚本を準備していたと思われる。そしてその脚本は、実は日清戦争ではなくフランスから仕入れた戦争劇の焼き直しだということがわかっている。すなわちジュール・ヴェルヌ作「ミシェル・ストロゴフ」と「北京占領」（あるいは「パリ占領」）などといった、川上がフランスで実際に観た、あるいは話題にあがった舞台を綯い交ぜにしたものである。

機を見るに敏な川上だが、戦争劇一番乗りというわけではなかった。渡辺保は、八月六日に京都・南座で青柳捨三郎一座の「朝鮮事変金玉均《きんぎょくきん》」が、八月一〇日に京都・常盤座で福井茂兵衛一座の「金玉均暗殺始末」「朝鮮事変勝利写真」が幕を開けたことを指摘している（『明治演劇史』）。これらは日清戦争の火種となった過去の事件を題材にしており、厳密には日清戦争劇ではない。しかし開戦の気分をとらえた戦争劇であることは間違いない。どちらも川上一座にいた俳優であるところが興味深い。

さて、日清戦争劇だが、上演申請をしたのは川上だけではない。新演劇はもちろん、歌舞伎の中にも同じことを考える者がいくつもあった。しかし、川上だけが二一日、いち早く認可を受けた。政府高官のコネもあったのだろう。しかし新聞には、その理由が記されている。

府下及び横浜等にて日清事件を演ずる目的にてその筋へ脚本認可を願出《ねがひいで》したるもの二三あれど、何れも旧俳優が意気込みもなく節操もなく白粉塗りたる軍人が舞台に現われるという如き傾《かたむ》きのものばかりゆえ、かくては軍人の面目を汚すとの主意にて皆不認可となりたるが、独り浅草座の川上一座は其筋にても大《おほい》に見る所あればこの一座は不日認可になるべしという。（『読売新聞』八月一六日）

「日清事件」は横浜蔦座に於て〔沢村〕訥升一座が演ぜんとしたるも脚本認可とならず、又新盛座にても目下その筋へ伺い中なるが許可の程は六《むつ》かしき由、然るに川上一座にかぎり認可あるはその脚色上演技上旧来の役者は只奇麗にして婦女子の人気に投ぜん事のみに苦慮するの傾きあり、かくては我邦《わがくに》の士気をして沮喪《そさう》せしむるの虞《おそれ》あらんを気遣ふに起因せるならんか、それに引き変え壮士役者は武骨極り新俳優といえば新平民同様に目せられ居る変り多少文字《もんじ》あり思想あれば、勇壮活気士気を鼓舞するなるべしとの考えに出ずならん、左ればこの名誉を担いたる一座は惰弱に流れ艶聞を流さぬ様しっかり演《や》って貰いたし。

（『都新聞』同日）

すなわち、歌舞伎役者は意気込みもなく節操もなく、白粉《おしろい》を塗った軍人が舞台に現れるのは、軍人の面目を汚すというのだ。また歌舞伎役者はただ綺麗にして婦女子の人気取りばかりを考えているので、それでは我が国の士気に影響する。それに比べて新演劇の役者は武骨であり、教養も思想も多少はあるので、士気を鼓舞するであろうという。

つねに当世風俗を写してきたはずの歌舞伎が、近代的身体の獲得に失敗し、その部分は新演劇に譲って自らは古典化あるいは時代劇化していくきっかけがこの日清戦争にあったことは間違いない。だがそれは後世の評価であって、同時代の新聞記事はこれを「意気込みもなく節操もなく白粉塗り」かつ「只奇麗にして婦女子の人気に投ぜん事のみに苦慮する」旧俳優（歌舞伎役者）が、軍人に扮することへの違和感として的確にとらえている。付け加えるならば、歌舞伎役者がみな近代的身体を獲得できなかったというのは断定的に過ぎ、世代によって異なることは、埋忠美沙《うめただ》「西南戦争における報道メディアと歌舞伎」の指摘するところだ。

さて川上の「日清戦争」は浅草座にて八月三一日に初日を開けた。初日から観客は早朝より押しかけ、満員となった。めったにないことである。九月二日には、日本兵と清兵が花道で戦う場面で、二人の男が客

「日清戦争」

席から飛び出して清兵を滅茶滅茶に殴りつけた。清兵は無論本物ではなく俳優である。この逸話は客層の変化を物語っているが、演技がリアルであったことも事実だろう。毎日四、五名の俳優が負傷した。例によって二名の医者が控えていた。

人気を呼んだのは格闘場面だけではない。得意の弁論が冴えた。「李鴻章面前痛論の場」は川上扮する新聞記者・比良田鐵哉がスパイ容疑で拘束され、高田実扮する李鴻章の面前に引き出される場面である。比良田は、中立の立場の新聞記者が拘束されるいわれはないと堂々と説く。観客は李鴻章の高田に向かって茶わんや土瓶を投げつけたが、高田は平然と李鴻章を演じ続けて名を上げた。台本に欠落があるため、この論戦の行方はさだかでないが、日本軍侵攻の報によって中断されたものと思われる。なお、ひとつ前の「北京場内軍獄の場」で藤沢浅次郎扮する新聞記者・水島恭二が川上の比良田の前で絶命する場面がある。東芝ＥＭＩのＣＤ『蘇るオッペケペー』に弟子によって再現されている。

一座は一〇月七日まで異例の長期興行を行った。日延べの要請があったが、横浜・湊座との約束を果たして一〇月一〇日より一〇日間興行し、二二日には市村座の興行に向けて顔寄せを済ませた。その後、川上自身は市村座興行の取材のため単身渡韓、残った藤沢浅次郎以下は「日清戦争」を持って名古屋・末広座に移った。

　川上に追随して、各地で日清戦争劇が上演された。渡辺保は、一一ヶ月の間に歌舞伎一〇件、新演劇一九件、不明二件、計三一件の日清戦争劇が上演されたとする（『前掲書』）。団十郎までが二度も日清戦争劇に取り組んだ。団十郎が菊五郎とともに歌舞伎座で日清戦争劇を上演するのは一〇月二八日だが、それまでの二ヶ月間に上演された日清戦争劇を日置貴之がさらに詳細にカウントしている（『明治期戦争劇集成』）。その数は新旧劇合わせて一八であった。

「日清戦争」の一場面

　このうち日置が詳しく紹介した「会津《あいづ》産明治組重《さんめいじのくみじゅう》」について述べる。本作は明治二七年一〇月五日、東京・明治座で初代市川左団次一座によって上演された。作者は河竹黙阿弥の高弟・竹柴其《き》水《すい》である。筋は維新期の会津戦争を中心に展開し、それが日清戦争の筋と「組重」のように絡みつく。その結果、会津戦争時に逆賊（非官軍）であった旧会津藩の人々が、日清戦争によって天皇のために戦って名誉回復するのである。この構成は、日清戦争を機に「佐幕」と「勤皇」の二律背反を否定しようとする思潮によっている。その点では当世を映しており、よくできた筋である。しかし戯曲構造は黙阿弥以来の歌舞伎狂言作者のそれを一歩も出ていない。つまりこの作品に象徴されるように、俳優の身体性においても、戯曲構造においても、歌舞伎の落日を思わせるのが日清戦争劇だった。

さて先に述べたとおり、「日清戦争」が終わると川上は取材のため単身韓国に渡り、残った一座は「日清戦争」を持って地方に移った。帰国後、一二月三日から市村座で「川上音二郎戦地見聞日記」を上演する。ルポルタージュ演劇の始めである。日清両兵の戦闘の場面では、またもや舞台に乱入して加勢する観客が出るほど客席は興奮した。一二月九日には上野公園での祝勝大会で皇太子殿下の前で上演するという名誉にあずかる。

日清戦争劇により新演劇は完全に市民権を得た。これ以降、歌舞伎は最新の風俗を描くことを新演劇にゆずり、急速に古典化していく。

なお、川上は明治二八年一月に市村座で「戦争余談明治四十二年」という劇を上演している。題名からして、またもや未来志向である。もとはフランスから持ち帰った普仏戦争の劇だと言われている。なおこのとき女役者・市川九女八《くめはち》が「守住月華《もりずみげつか》」、市川かつらが「加藤てる」の名前で女優として加入している。一月一四日初日のはずが大道具の準備でまたまた延び、三〇日に「総幕出揃開場」とうたって初日を開けた。大入りで、二月二四日まで上演した。

このあと三月に若松・朝日座（旭座とも）、博多・教楽社と巡業し、東京に戻る。

明治二八年五月、川上はとうとう歌舞伎の殿堂・歌舞伎座に進出し、「威海衛陥落」を上演した。初日は五月一七日、初日から総幕出揃いであった。川上のような壮士に舞台を汚されたとして、九代目市川団十郎は「歌舞伎座の舞台全部を削り直さなければ今後出演しない」と憤慨したという。

「威海衛陥落」と同時に「因果灯籠《まわり》」を出した。これはユーゴー原作・広岡柳香脚色の探偵ものだが、「意外」シリーズのようなスペクタクルで見せるのではなく、歌舞伎座にふさわしい文芸趣味が見られる。のちの「滝の白糸」「金色夜叉」など、新派の文芸路線の萌芽であろう。

なお日清戦争劇で湧いた明治二七年、川上は奴と正式に結婚している。媒酌人は金子堅太郎。川上は得意の絶頂にあった。

絶頂から転落へ

「川上音二郎戦地見聞日記」

明治二八年博多

日清戦争劇で当てた川上音二郎は地方巡業に出た。明治二八（一八九五）年三月、まず若松・朝日座で三月一〇日から一五日間興行の予定であった。『福陵新報』には三月五日から九日までの五日間、連続して広告が出た。広告自体地方新聞では異例のことだが、次のように公演スケジュールを公表するのも珍しい。

初五日間「日清戦争記」八幕／「楠公桜井の駅訣別の場」中幕
中五日間「仏国土産又意外」七幕
後五日間「川上音二郎戦地見聞日記」八幕／「備後三郎」

しかし、ことはスケジュールどおりには運ばなかった。

例によって大道具に手間取ったため、一〇日に予定していた初日が遅れる。大道具は現地の劇場の道具方が作るのが普通だが、川上のそれは歌舞伎の寸法とは違う。東京から長谷川勘兵衛配下の道具方十余名を下したという。朝日座は三月一四日から連日延期の広告を出した。

川上一座は三月六日に東京を発った。しかし若松の大道具が間に合わないという電報があり、急遽名古屋に立ち寄って一〇日間興行を行った。これは博多の『福陵新報』の記事である。しかし東京の『中央新聞』の言うところは少し違う。川上一座は三月六日に名古屋に乗り込み、末広座で一五日間を行う予定で

「川上音二郎戦地見聞日記」

あると。どうやら名古屋・末広座は最初から決まっていたが、そのことを若松には伝えず、大道具を遅延の理由にしたのである。そこへ歌舞伎座からは四月興行の催促が来る。演目は先に触れた「威海衛陥落」である。ダブルブッキングともいえる綱渡りであった。

結局、若松・朝日座は三月二五日に初日を開けた。演目は「日清戦争記」のみ。三〇日から替り狂言「又意外」七幕に「楠正成」、四月五日から「川上音二郎戦地見聞日記」となった。予定より三日間の日延べをして四月一一日に千秋楽を迎えている。

博多・教楽社は朝日座のあと川上一座を迎える手はずになっていた。しかし朝日座が延引するにつけ、川上は来ないのではないかとの疑念が生じる。

というのも、川上が『福岡日日新聞』『福陵新報』両紙に博多へ来らざる旨広告を出したためで、これについては「博多の客を朝日座に招かんとの計略」だの、五月には東京・歌舞伎座の興行が控えており、手付金も受け取り済みなので一刻も早く帰京せねばならない事情があるだの、三月三日に上棟式を挙げたばかりの神田三崎町・川上座の資金繰りのため地方巡業を控えなければならないだの（実は地方巡業をしなければ資金が稼げないのだが）、また朝日座との間に博多には行くまじとの約束があるだのと、様々憶測が飛び交う。結局これについて新聞記事は「教楽社の請元は頻りに勧めつつあれば多分来ることになるべしとまでは聞き込めり」（『福陵新報』四月九日）としめくくる。

その後まもなく川上一座の来博は確実になったようで、教楽社は朝日座の向こうをはって四月一〇日の紙上に「特別広告」を掲載し、四月一四日が初日であること、演目が「仏国土産又意外」「楠正成」であることを伝えた。

ところで、同じ劇場でも興行ごとに主催者は異なっていた。地方では株を募り、資金を集め、一座と交渉をして興行を主催するグループを「請元《うけもと》」という。川上一座が教楽社に乗り込むにあたっては、請元同士で種々行き違いがあった。

川上が来る直前の教楽社では、三月二八日より市川荒十郎・嵐梅之助の大阪女芝居一座が興行していた。格安の料金が受けて、なかなかの入りである。この女芝居と川上一座のスケジュールがぶつかったのである。

女芝居は明治の産物である。江戸時代、大名家の男子禁制の場所に出入りして歌舞伎を見せる女役者だけの集団があった。これを「お狂言師」という。明治維新による大名家の崩壊により、お狂言師も職を失い、女芝居の一座に活路を見いだすことになる。女役者（女芝居の役者）と女優との違いは、女役者が男の役も女の役もするのに対し、女優は女の役をやり、男の役は男優がやる点である。すでに挙げたとおり東京には有名な市川九女八《くめはち》がいるが、これは女役者である。しかし明治二八年一月に「戦争余談明治四十二年」に出演するに当たって守住月華と名を改め、男優に打ち混じって女の役をした。これは「女優」である。

さて、女芝居と川上一座の件である。教楽社側は女芝居の請元に一五日間の契約をし、その後興行する川上一座の請元にも同じく一五日間の契約をしたつもりでいた。ところが女芝居の請元が二〇日間興行を主張し始めたのである。そうなると川上一座の初日が延びることとなる。口約束でこと足りた時代なので約定書は取り交わしていない。劇場側は改めて約定書の提出を促すが、女芝居の請元は聞き入れず、そればかりか五日間分の日延べの願いはすでにその筋に出し、税金も支払ったと主張する。劇場側は弁護士に依頼して急訴することとなったが、川上一座の興行は予定の一四日初日とはいかなくなった。

トラブルは重なる。教楽社の川上担当の請元は、若松・朝日座において長谷川が新調したと思われる大道具を借り受けたいと交渉した。ところが人気の川上一座とあって、朝日座側の請元の数が非常に多く、意見をまとめるのが難しい。返事が来ないまま初日はどんどん迫ってくるので、教楽社側は近隣の寄席・開明舎で大道具を一から作らせた。大道具製作にあたったのは先に少し触れた教楽社付の大道具方・前崎正五郎であろう。四、五百円もかけてなんとか道具万端新調し、問題の女芝居も一四日で打ち揚げとなり、川上一座の初日は一六日と決まった。

ところが今度は興行日数が確定しない。というのも、来博した歌舞伎座顧問の関根黙庵が歌舞伎座座主の千葉勝五郎からの伝言として、博多は六日間で切り上げて早々帰京すべきだと要求したため、川上が二二日に博多を発つと言い始めたからである。それでは道具代の元が取れない。そこで請元と川上が初日の開く寸前の一六日午前四時まで議論した末、ようやく一〇日間興行と決着した。ただし千葉勝五郎からは「至急帰京せよ」の電報が一九日にも届いているので、歌舞伎座側はこの決定にあくまで不服だったようだ。

千秋楽も近くなって、東京からの使者四、五名が川上を迎えに来博している。

ようよう初日を迎えた川上一座の演目は、予告どおり「又意外」に「楠正成」であった。日清戦争劇ではなく、その前に東京で上演した演目のお披露目だが、大人気を博したことは言うまでもない。二二日からは二の替り「川上音二郎戦地見聞日記」を出した。

さて毎度新機軸を見せる川上だが、この度は教楽社の中売《なかう》り制度を改良している。中売りとは、場内で飲食物を販売する制度である。売り子は尻端折《しりはしより》りに細パッチ、毛脛を出したおあにいさんで、法外な値段で飲食物を押し売り同然に売りつける。かねてからその弊害が指摘されていたのだが、中売りが既得権益を主張して廃止することができなかった。また、当時の劇場には運動場《うんどうば》がなかった。運動場はロビー兼食堂のようなものである。観客は客席で飲食をせざるを得ず、中売りはある意味では必要悪だったのである。

そこで川上は、中売りの数を半分にし、かつ値段も場外と変わらぬように設定させた。ただしこの改革は一時のもので、その後、中売りの悪弊がなくなったわけではない。

川上一座は大好評のうちに四月二五日、博多・教楽社を打ち揚げた。二六日の上り一番列車に乗り、船と列車を乗り継いで二九日に東京新橋停車場に着いた。歌舞伎座初御目見得の演目「威海衛陥落」の初日は五月一七日であった。

ついでながら、日清戦争劇の流行によって地方に芽吹いた新演劇について述べておく。川上一座が若松・朝日座、博多・教楽社で興行していた明治二八年三月から四月、博多では矯正義会（神斎府赤鷺《しんさいふせきろ》一座）、正風義会（山岡如萍《じよひよう》一座）などという新演劇が日清戦争劇を上演していた。博多における日清戦争劇は明治二七年一〇月の山岡如萍・笠岡勝による「日清事件旭影大和魂」が最も早い。明治二八年になるといま挙げた矯正義会や正風義会、それに矯風義会（原田孝治一座）など、新演劇が乱立し、いずれも日清戦争劇を中心に興行を行うようになる。

「矯正義会」「正風義会」「矯風義会」というものものしい名称には二通りの意味がある。名称を額面どおり読めば、彼らは日清戦争を機に国威発揚をうたって登場したということである。自由民権運動から出発した壮士芝居（新演劇）がこのようなかたちで地方に展開されるのは、実は不思議ではない。自由民権運動とナショナリズムとは、同じ根を持つからである。

そこでふたつ目の意味である。次の記事を見よう。

俳優と言えば男地獄、男地獄と言えば即ち女殺しで、「風紀を矯正す」などと大きな看板をかけながら、裏に廻れば娘や芸者を教唆して飛んでもなき風紀を乱す奴多き世なるか。

（『福岡日日新聞』九月五日）

新俳優が名ばかり品行方正で、実は無頼《ぶらい》の徒であることを述べる記事である。正業に就けぬから無頼の徒になるのであって、それは征韓論で下野した政治家たちにぶら下がっていた士族の、さらに下部に属する人たちの姿であった。自由民権運動がデモクラシーではなく、ましてやリベラリズムでもなければ、それは鬱屈したナショナリズムへと振り子は振れざるを得ない。無論、農村を中心に真剣に運動を展開した人々が一方にあったことを忘れるわけにはいかないが。

川上座

川上音二郎は、かねてより自前の劇場を持ちたいと思っていた。歌舞伎社会の旧い因習から解放されるためにも、新しい演出を採り入れるためにも、自分の思い通りに使える劇場が必要だったのだ。

書生演劇の旗を挙げてまもない明治二四（一八九一）年九月、すでに川上はその構想を発表している。四谷にある桐座の権利を譲り受け、「川上座」と改称する予定であると報じられた。しかしこれは実現しなかった。

明治二六年四月三〇日、フランスから戻ると劇場建設への思いはさらに強くなった。演劇の中身を改良するためには、まず劇場構造から改良しなければならない。同年六月、日本橋蛎殻《かきがら》に劇場を設立する計画が報じられた。その後川上は亡父の法要と称して博多に里帰り公演をし、中国地方から神戸・京都と巡業する。これが劇場設立の資金集めだったことはすでに述べたとおりだ。

九月、劇場の建設予定地は神田錦町に変更された。間口一二間（約二二メートル）、奥行一六間四尺（約三〇メートル）の洋館造りである。「劇場」とはいうものの、当初は「演伎場」として申請するつもりだったようだ。「劇場」ではなく「演伎場」の規格なら、面倒な申請や検査が省略されるからである。一二月に開場予定、こけら落としは「三人兄弟」となり、配役まで発表される。賛助者には金子堅太郎・西園寺公望・栗野慎一郎・野村靖・岩崎弥之助・大倉喜八郎など、政財界の錚々たるメンバーが名を連ねた。結局「三人兄弟」は川上座では上演されず、「又意外」と名前を変えて浅草座で上演された。

一〇月、方針が変更され、「演伎場」ではなく「大劇場」の資格にすべく申請が行われる。大劇場でなければ廻り舞台もセリも持てないのだ。錦町の地所は狭く、建坪二〇〇以上という大劇場の規格に満たなかった。一一月には建設予定地が神田三崎町に変更される。岩崎弥之助が所有していた二五〇坪の土地を買い取ったのである。資金を出したのは大倉喜八郎だった。

一二月一日、大劇場建設が許可され、九日より着工、同時に茶屋や弁当屋などの中売りを募集した。劇場名は「川上座」と決まった。

川上座建設のため、川上が単独で交渉にあたっている間、藤沢浅二郎を座長とする一座は名古屋・大阪を巡業して一二月に帰京した。明治二七年から川上も復帰し、浅草座を拠点に「意外」「又意外」「又々意外」を上演したことも述べた。

川上座の竣工は明治二七年四月の予定であった。一座は竣工次第、フランス土産の「意外」シリーズを新劇場で上演する予定だったに違いない。ところが予定地が沼地だったため基礎工事に手間取った。『福岡日日新聞』二月二日に次の記事がある。

> 東京三崎町にて既に工事に着手せし同場は構造法を西洋の劇場に取り、尽《ことご》く煉瓦にて組立《くみたつ》るに付き、建坪弐百五十坪計りの処に一面に丸太を打込むに、元来沼地を埋めたる跡地なりといふ三崎ヶ原の事なれば、地盤極めて軟らかにして、本統《ほんとう》に基礎《どだい》を堅くするには三間丸太八本則ち弐十四間打込ねば充分ならず、又周回《まはり》の煉瓦も其筋の指令に依れば厚さ参尺以上との事にて、彼是《かれこれ》予算の上に六七千円の超過を見るべしと云ふ。

長さ「三間」（約五・五メートル）の丸太を八本要するというのは、基礎工事としては極めて異例である。想像の域を出ないが、川上は岩崎弥之助から使い道のない「三崎ヶ原」の沼地をまんまと買わされたのではないか。弥之助は三菱財閥を興した岩崎弥太郎の弟で、見かけは川上座の「賛助者」である。やはり「賛助者」の大倉喜八郎は、三崎町を建設地とするにあたって資金を出した。大倉は土木会社をも営んでいたから、この難工事を捗らせるも停滞させるも勝手次第だったに違いない。

明治二八年三月三日、川上座はようやく上棟式を挙げた。煉瓦造り洋風三階建ての屋上に西園寺公望・金子堅太郎ら名士が列席し、森田思軒・福地桜痴《おうち》・依田学海《よだがっかい》が祝辞を述べた。

ところがその後、工事はまた停滞する。慢性的な資金不足が原因である。

川上は最初から自力で劇場を建てると宣言していた。誰かの力を借りると、いわゆる「ひも付き」の劇場になり、自由がきかなくなることを恐れたのだろう。しかし全く自力というのも無謀な話で、また「法螺《ほら》吹き」呼ばわりされた。

川上は資金作りのため、若松、博多と巡業した。ダブルブッキングのようなかたちで若松の前に名古屋を入れたり、博多・教楽社では女芝居を追い出すように自分の興行を実現させたりした。博多は川上の郷里ゆえ相当の収入が見込まれたが、五月に歌舞伎座と契約していたため、あわただしく帰京。六月は横浜・湊座、七月にまた歌舞伎座と、休む間もなく移動する。

七月の歌舞伎座は一番目「誤裁判《しくじりさいばん》」、二番目「大江山」である。例によって当世風俗を映した現代劇と時代物の組み合わせである。一番目「誤裁判」には強欲非道の高利貸しが登場する。借金のある漢学者の

「大江山」

娘に惚れた高利貸しは、漢学者に殺人の罪を着せ死刑にする。二一年後、冤罪が明らかとなり、高利貸しは死ぬこととなる。死んだ漢学者の霊魂が仙境に遊離する場面があり、大道具が高くついたが座主・千葉勝五郎の奮発で実現した。

その後、一座は信州から上州へ巡業したが、途中川上は単身帰京した。明治二八年九月のことである。実は演劇視察のため渡米しようとしていたのだ。すでに三月に外務省より外国旅行免状を得ていた。九月一七日に横浜を出港し、サンフランシスコ上陸後、大陸を横断してシカゴ・ワシントン・ニューヨーク・ボストンと遍歴する計画までできていた。それはまるで、やがて来る冒険活劇人生のクライマックス、アメリカ珍道中を予言しているかのようだ。しかし川上座の株主その他から猛反対を受け、ぎりぎりのところで洋行は反故《ほご》となった。

なお、川上が単身帰京する前の信州から上州に至る巡業の途中で、藤沢浅次郎や高田実がクーデターを起こしたという話がある。度重なる川上の身勝手に業を煮やしたのだという。結局、高田ひとりが一座を去った。ただし高田はその後何度も川上と共演して、川上の演劇に欠かせない存在となる。この世界の人間関係は複雑

「誤裁判」

怪奇だ。

川上は、明治二八年一〇月二三日より東京・春木座で「盗賊世界」を上演したのち、一二月四日より浅草座で「滝の白糸」を上演した。ここでまた一悶着起きた。「滝の白糸」は原題を「義血俠血」といい、尾崎紅葉・泉鏡花合作（実質的には鏡花作）の小説である。川上はこれを無断で劇化上演しようとしたので、尾崎紅葉がこれに激怒したのである。川上は新聞各紙に慇懃無礼ともとれる謝罪広告を載せた。すでに初日の開いた一二月五日のことである。しかし当時の「脚本楽譜条例」では、小説の上演権については定めていなかったので、法廷で争えば川上の勝ちになる。それなのにあっさり謝罪した川上を新聞は「大馬鹿者」と嗤《わら》った。しかしこの宣伝効果によって「滝の白糸」は大当たりを記録する。謝罪広告も最初から計算のうちだった。何が何でも建設資金が必要だった。

ところで「滝の白糸」にも「誤裁判」同様、強欲な高利貸しが登場する。このときすでに川上は劇場建設の資金繰りに窮し、高利貸しに手を出していたと考えられる。まさにいまの自分の姿が舞台に投影されたのだ。

明治二九年六月一四日、川上はようやく川上座の開場式を挙げた。川上・藤沢の挨拶のあと、三遊亭円遊の落語、松林伯知の講談、洲崎遊廓や吉原遊廓の幇間《ほうかん》の芸など、余興は午前一〇時から午後四時まで続いた。西園寺公望や金子堅太郎が代理をよこした。賛助者として名を連ねていた岩崎・大倉の名はない。川上座はこのときすでに高利貸しの抵当に入っていた。

川上座（英文刊行物　ルイ・フルニエ「川上と貞奴」パリより。松竹大谷図書館所蔵）

選挙に出る

明治二九（一八九六）年七月二日から二六日にかけて、川上座のこけら落とし興行が行われた。演目は「日本娘」。フランス小説と講釈師・松林伯円の出しものを折衷したもので、川上得意の翻案物である。

第二回興行は九月二二日から一〇月一八日まで、「瞽医者《めくらいしゃ》」である。フランスのジュール・ヴェルヌ作『ミシエル・ストロゴフ』を森田思軒が訳したものであった。『ミシエル・ストロゴフ』は、その一部を「日清戦争」に採用したのだが、この度は全編の翻案となった。こけら落とし、第二回興行、いずれも力の入った作で、大入りを記録するが、利益は思うほどあがらなかった。

川上座には致命的な欠陥があったのだ。川上座の収容人員は一

○七六人、舞台と客席は近く、演劇空間としては悪くないだろう。しかし歌舞伎座の約半分である。いくら観客が入っても焼け石に水であった。ここが劇場設計の難しいところである。川上のように、リアリズムを求める場合、劇場は小さい方がいい。西洋の自由劇場運動も小劇場から出発したのである。しかしそうなると収益は犠牲にしなければならない。ここが芸術性と通俗性の「二元の道」のジレンマである。ちなみに川上座には客席で飲食をさせないように、ロビーにあたる運動場《うんどうば》があった。

なお一一月、川上は「又意外」「戦争余談明治四十二年」「盗賊世界」「瞽医者」の四点の版権興行権を登録している。登録税は各五〇円であった。

一二月七日、川上座の抵当権を持つ山崎武兵衛という金貸しが川上座を競売にかけた。しかし入札額が予定価格に満たず競売は流れた。また地主である岩崎弥之助から地代延滞につき劇場取り壊しの訴訟が起きる。これもなんとか示談にし、株式組織にすることで川上座を延命させた。つまり川上座を、川上一座以外にも新演劇・歌舞伎の別なく貸し出し、年四回以上の稼働率を確保させようというのである。歌舞伎座の井上竹次郎の発案であった。歌舞伎の劇場を借りず、新演劇独自の出しものをやるための劇場を造ったはずだったが、その試みは早くも挫折した。

しかし川上はさらに野心作を出し続ける。明治三〇年一月三一日より川上座にて、ジュール・ヴェルヌ作「八十日間世界一周」八幕を舞台にかけたのである。設定はやはり日本に置き換えられた。この作は大入売り切れで、二週間日延べして三月三日まで上演された。川上は、この作でも版権興行権の登録を願い出ている。

続けて五月二一日から川上座にて、やはりジュール・ヴェルヌ作「インド王妃の遺産」を森田思軒が翻

「八十日間世界一周」

案した「鉄世界」を上演した。これも大入で六月一一日まで日延べした。

この間、川上は川上座を運営するために「改良演劇株式会社」なる組織を農商務省に申請し、認可を受けている。五月から株式募集を始め、六月初旬には「満株」となり、申込を締め切った。川上座の運営は順調に行くかと思われたが、七月、またもや競売にかけられたことがわかっている。

この明治三〇年は川上にとって災難続きの年であった。八月、京都・常盤座で興行中、植島という弁護士と、地元の顔役・小金《こきん》こと久野金次郎《くのきんじろう》およびその子分に袋だたきにあったのである。ことの起こりは藤沢浅次郎との金のトラブルだったが、川上が引き取ったために大けがをした。一座は二日間休業し、九月一日より返り初日を出した。川上は包帯のまま舞台に立ったので、これが却って人気になった。

災難の連続で、魔が差したとしか言いようがない。九月、川上が第六回衆議院議員総選挙に立候補するという噂が流れる。故郷の福岡県から立候補するというのである。実際、川上は京都のあと神戸・大黒座に移り、これを打ち揚げたあと故郷博多に戻った。

一一月、川上は東京荏原《えばら》郡大森（現・大田区大森西近辺）に転居した。福岡県というのは誤報で、荏原郡のある東京府下第一二区から立候補するためである。あるいは福岡での票集めが不発に終わったのかもしれない。一一月二八日、転居披露と称して演劇、余興や宴会を行った。来場者は数千人から一万人に及んだ。

一二月二五日、第二次松方正義内閣は解散した。選挙戦は本格的になった。

当時は小選挙区制で、定員一名に対して現職の高木正年、対抗馬の平林九兵衛、それに川上が割り込んだ。翌明治三一年一月から、新聞報道は連日興味本位の記事を載せた。川上へのまなざしは冷たい。紙上には「河原乞食」の語が頻出する。袋だたきに近い。

気の毒な話がある。南品川のある寄席で、亭主の留守中に妻が川上の選挙演説会に席を貸した。そのため地元から苦情があり、寄席には客が来なくなった。結局、亭主は妻を離縁した。川上が芸人として寄席に出るなら問題はなかっただろう。「芸人ふぜい」が政治の世界に進出することに、世間は強い抵抗を示したのだ。

新聞は本投票に先駆けて「私撰投票」というものを行った。読者は紙上に掲載された投票用紙を切り抜き、所定の投票箱に入れるのである。もちろん非公式のものだ。日々結果が紙上で報告された。川上は善戦している。ときにはトップに躍り出ることがあった。

はたして投票は明治三一年三月一五日に行われた。結果は、当選・平林九兵衛・二七五票、次点・高木正年・二三六票、川上は四三票で惨敗した。私撰投票では最下位だった平林が当選したのである。現職の高木は選挙前に失明したのが敗因だったかもしれない。川上については、当時は税金一五円を納める男子にしか選挙権が認められていなかったから、川上を応援しようにも最下層の庶民や女性は投票することができなかったというのが敗因のひとつだろう。

一座は三月二五日より市村座で尾崎紅葉の「金色夜叉」を出す。当初、主役の間貫一《はざまかんいち》は藤沢浅二郎がつとめることになっていたが、総選挙に敗れたあと川上が貫一をすることになった。大阪から高田実・小織桂一郎が加わって好景気となった。『金色夜叉』の小説は前後編が完結し、『続金色夜叉』を連載中だったが、演劇が当たったので七月に単行本が刊行されることになる。小説を演劇にするのは実は難しい。『金色夜叉』劇化の複雑な経緯については井上理恵に詳細な調査がある。

「金色夜叉」の興行中、市村座座主・岩谷松平と川上の間にいさかいが起きた。岩谷は次の五月狂言も川上一座と契約するつもりで手付金五〇〇円まで打った。ところが川上は同時期に川上座にも出勤するというのである。つまり掛け持ちである。結局川上は市村座を断って川上座に出ることになった。四月一二日、川上は座付の芝居茶屋はじめ三〇軒の出方の若い者に襲われた。

実はこの件には裏がある。市村座側が、川上ではなく大阪から帰京する団十郎の門下を呼ぶことを思いつき、川上との話を破談にすることにした。それで川上座との掛け持ちの話をもちだして市村座への出勤を反故にしようとしたのである。手付金の件も川上のあずかりしらぬことであった。川上は四月一七日の『中央新聞』に「半殺又は袋叩にされしなど…小生をねたむ者の奸策にて大のうそですから御安心下さい」と大きな活字の広告を打った。

川上は衆議院議員総選挙の惨敗から立ち直ったように見えた。

二度目の落選

明治三一（一八九八）年七月一四日、初日の川上座には、おかしなタイトルの演目が出た。外題を「喜劇　衆議院」という。「喜劇」という名称が使用された早い例のひとつではなかろうか。一年前の明治三〇年九月、真砂座で歌舞伎と新演劇が共演したとき、モリエール作・尾崎紅葉翻案の「守銭奴」に「喜劇」の名称が付されたという。新演劇の出しもので、伊井蓉峰《いいようほう》一座だった。この頃から「喜劇」は一般化し始めたようだ。

ところで「喜劇　衆議院」だが、内容は三月に川上が第五回衆議院議員総選挙に敗れた様を、面白おかしく描いた自虐的な演目である。

第二次松方正義内閣を引き継いだ第三次伊藤博文内閣は半年ももたず、明治三一年六月に解散した。そして第六回総選挙が行われることになった。つまり「衆議院」という演目は、川上の再立候補をにらんでのものだったと思われるが、真偽はさだかでない。

川上は選挙区民に「川上音二郎政見」という刷り物を配った。誰もまともにとりあわず、「政見」は川上の別名だろうとした。新聞は「川上音二郎藤原政見《ふじわらのまさみ》」「川上音二郎字《あざな》は政見《まさみ》」とからかった。以来、しばらく新聞記事では川上は「政見《まさみ》」の名で呼ばれる。

ところで「衆議院」の劇中、川上が演説をする場面で過激なセリフがあり、興行を差し止められたことがいくつかの新聞紙上に載る。実は「衆議院」という演目は川上座の劇場側からのリクエストで、川上自身は乗り気ではなかった。そこでわざと台本にないセリフを言い、自ら興行を中止にする腹づもりだったようだ。過激なセリフによって興行が差し止められたというのは、川上が各新聞に流した偽の情報だった。しかし選挙を控えた身で処分を受けるのは、どのような理由であれ不利である。川上は、どんな処分が下るか警視庁に尋ねたが教えてもらえず、あとで科料一円と知って胸をなで下ろした。禁錮・懲役を恐れていたようだ。このあたりの心理は理解し難い。川上はかなり混乱していたとみえる。

川上のもとには債権者が来て財産を競売にかけようとするが、差し押さえる物すらない状況であった。川上座は債権者のひとり山崎武兵衛のものになっていた。新聞は川上が立候補を断念したと報じた。

八月一〇日、総選挙は予定どおり行われた。第一二区の選挙結果は次のとおりである。

当選　三三〇票　高木正年
次点　二八二票　平林九兵衛
　　　　四票　川上音二郎
　　　　二票　鳥山悌二郎・加藤為太郎
　　一二〇　　無効

高木正年は、前回は失明したせいもあってか落選したが、見事返り咲いた。視覚障害者としては最初の衆議院議員である。

「衆議院」が結局川上座での最後の公演となった。

川上はその後「日本新演劇」と名乗り、八月一三日より歌舞伎座の舞台に立つ。川上・藤沢に加え、高田実・佐藤歳三・河合武雄という大一座になった。

四月の「金色夜叉」興行中に市村座座主・岩谷および出方との間にひと騒動あったが、烏森（現・新橋）の顔役・櫛田《くしだ》徳次郎が仲裁の宴を設けておさまった。今回の歌舞伎座の興行は、櫛田への償いの意味があった。演目は一番目「又意外」と二番目「喜劇　三恐悦」である。「三恐悦」はフランスのバイユロン作「退屈な社会」を長田秋濤《おさだしゅうとう》が翻案したものだ。

初日の開演は午前九時の予定だったが、延びに延びて午後二時五〇分となった。「又意外」を序幕から省略せずに上演して、終演は午後一〇時二〇分になった。「三恐悦」は出なかった。一五日に初めて「三恐悦」を出すが、退屈なため観客の評判すこぶる悪く、「三恐悦」を出すか反故にするかで一座紛糾した。「三恐悦」を出すべきだとする藤沢・高田・河合らは、今後の新演劇と文学界との付き合いを重視する立場に立った。長田秋濤はイギリスやフランスへの留学経験があり、海外事情にも詳しい演劇改良論者である。伊藤博文の秘書をして伊藤に気に入られたこともある。また尾崎紅葉の硯友社《けんゆうしゃ》に近いので、人脈上も重要な人物と目されていた。そこで妥協案として、劇団側で「三恐悦」を改作して一六日に出した。しかし原作の肝心なところはカットされ、似ても似つかぬものに仕上がった。長田は自作が新演劇で上演されることを知人に吹聴していた手前、このような仕打ちに臍を曲げた。結局、歌舞伎座は「三恐悦」を上演中止とし、その理由を俳優の技倆不足と観客の見識不足であると、やんわりと謝罪文にしたためて発表した。「三恐悦」が中止となったので、埋め合わせに「又意外」の世話場と雪の場を出すことになり、大道具は徹夜で仕事をした。長田秋濤と歌舞伎座は八月二四日、手打ちをすることになる。

「三恐悦」の一件は様々な問題を投げかけている。のちの新演劇（新派）の主流になってゆく、いわゆる文芸路線が観客に受け容れられるまでには、原作の小説を舞台向けにいかに編集するかという問題がある。また俳優の技術をいかに向上させるかということも重要だろう。そもそも、演劇の材源を小説に求めるべきかという根本的な問題が前途に横たわっていよう。

なにを舞台にかけるべきか、これが新演劇の宿題になった。

こうした問題をよそに、川上音二郎がとんでもない行動に出たのは、その約半月後だった。

逃避行

川上音二郎の波瀾万丈の人生の中でも、最も不可思議な、理解に苦しむ行動は、これから述べるボートによる逃避行だろう。

明治三一（一八九八）年九月一〇日未明、川上音二郎は妻の奴こと貞《さだ》、姪のシゲ（一三歳）、それにフクという犬一匹とともに、小さなボートで大森海岸から日本脱出を試みたのである。

その後川上は貞とともに欧米に渡るのだが、その理由を川上はのちに「政治上の失敗と、劇界の腐敗とに憤慨して」（『川上音二郎欧米漫遊記』）としている。「政治上の失敗」とは、言うまでもなく二度の総選挙敗北である。「劇界の腐敗」とは、川上に言わせれば「今日の俳優、特に新俳優と称する者にすら、縮緬の長襦袢をぞべりぞべり引き摺りて、ぴょこぴょこ頭を下げ、幇間的の所業をなして恬《てん》として恥じざる者あること」である。そして、この二点への批判から、川上自ら「艱苦をなめて泰西劇〔西洋の劇〕を研究し、かつ社会の元気を鼓舞せんことを期した」のが、その後の欧米漫遊の理由だという。しかし、なにもそのためにボートで東京湾にこぎ出す必要もなかろう。不可思議とする所以である。

少し先取りをするが、川上は明治三三年四月にアメリカに向けて出発し、アメリカからイギリス、フランスと興行して明治三四年一月に帰国した。これが川上にとって第二回洋行になる。その後、四月に第三回洋行を果たし、欧州を巡って明治三五年に帰国している。第二回洋行後の明治三四年二月、川上は先に引用した『川上音二郎欧米漫遊記』を出版し、さらに四月に『川上音二郎貞奴漫遊記』を出版している。いずれも版元は金尾文淵堂《かなおぶんえんどう》である。また『中央新聞』に連載された体験談がのちに『自伝音二郎・貞奴』に収録されている。ボート出帆から神戸漂着、欧米漫遊に至る逸話は川上本人によるもので、例の大法螺も混入している。それを受容しつつ、悪意に満ちた新聞記事と照合しながら話を進めていくことにする。

さて、東京湾に漕ぎ出したボートは長さ約四メートルのヨットで、川上はそれを「日本丸」と名付けた。海図やコンパスなど、航海に必要なものは一通り揃えた。米・芋・塩・炭に鍋など、食事の備えもある。しかし屋根のない短艇で雨が降ると逃げ場がない。帆はついているが、風向きがよくないと櫓を漕いで進まなければならない。この小さなボートに三名と一匹が乗っていたのである。川上が櫓をあやつり、貞が舵を取った。

日本丸は東京湾を出るのに手間取り、三日目に横須賀の軍港に迷い込んだ。保護されて新井少将に尋問を受けた。新井少将は川上らを常軌を逸した者とみて、強く説諭する。貞の養母・可免《かめ》が引き取りに来た。姪のシゲと犬のフクは養母に託し、川上と貞は押して航海を続けた。

九月二一日、伊豆半島南端の下田に着く。ここで順風を待つために一〇日間滞在したので、その間演説をして過ごす。一〇月一八日焼津、一九日御前崎を経て、二〇日、日本丸は天竜川の砂浜に乗り上げてしまった。掛塚（現・静岡県磐田市）の漁師が助けてくれて、地元の造船業を営む金持ちの家に連れて行かれた。せっかくだからここまでの道中を演説して聞かせてくれというので、地元の人を集めて演説をすると、たいそう喜んだ。そこにしばらく身を寄せて、あちこち演説をして回った。

その間に日本丸はすっかり修理がされていた。隣町の浜松でいよいよ一文無しになったので、名古屋で興行中の福井茂兵衛に助けを求めた。福井は川上を訪れて援助を約束したという。

日本丸はその後、鳥羽（現・三重県鳥羽市）を目指す。一一月八日鳥羽着。鳥羽では、陸路を追って来た川上一座の藤川岩之助と山本嘉一に出会った。この二人がこのあとの欧米漫遊に同行するところをみると、なにやら計画的なものを感じざるを得ない。そのあと嵐に遭って浜島（現・三重県志摩市）に逗留した。すると掛塚の漁師たちに出会った。行く末を心配して、見え隠れについてきてくれたのである。川上はここでも土地の人に乞われて演説をした。このように川上は道中しばしば演説をしているが、川上自身が売り出したのではなく、土地の人々が望んだのだ。つまり演説は娯楽であり芸能であったことが確認される。

潮岬《しおのみさき》を回る紀州灘は道中一番の難所だった。アシカの大群にも襲われた。一二月二七日、淡路島にほど近い紀州由良の湊に着き、ここで年越しをした。明けて明治三二年一月二日、淡路洲本に着き、鳴門の渦潮は大きな船に曳航されて乗り切り、一月六日に神戸に着いた。藤川と山本も合流した。川上はボートの航海はこれで思いとどまることにし、アメリカに行くことに相談が決まった。

この航海中、川上は行く先々で人情というものを知った。それは都会の冷たい反応とは正反対のものだった。義理堅い川上は、日本丸の珍道中で得た知己に後々も手紙や葉書を送っている。

　川上は最初、南洋探検をすると言ってみたり、目的地は中国だとしたり、人を煙に巻く発言をしてきた。前年八月に、東京府から清・韓・英・仏・独・米への海外遊芸修業渡航免状を受け取っている。最初から海外に行くつもりではあった。それがいつしか目的地はアメリカに絞られたのだ。

「道成寺」を演じる貞奴

　福井茂兵衛らが送別会を兼ねて神戸・相生座で興行を打ってくれた。このとき、貞は舞踊「道成寺」を踊った。彼女の本格的な女優デビューはアメリカ・サンフランシスコだが、すでに日本でも舞台に立っていたのである。なお神戸での興行中に川上は体中が青ぶくれになり、一ヶ月入院した。その後一座は川上抜きで京都・南座、大阪・中座と巡業して、いずれも大入を記録した。そして四月三〇日、いよいよ川上は日本を発つことになる。

欧米漫遊

「備後三郎」

サンフランシスコへ

川上の二度の欧米漫遊（第二回・第三回洋行）については、井上理恵『川上音二郎と貞奴Ⅱ　世界を巡演する』に大変ゆきとどいた調査がある。詳しくは同書に譲るが、ここでは屋上屋を架さないよう配慮しながら、略すべきは略し、述べるべきは述べることにする。

明治三一（一八九八）年九月から翌年一月にかけての短艇「日本丸」による航海は、それ自体は無謀で無意味なものだった。しかしけっして無計画ではない。

明治三二年初め、航海を終えたあとのことである。川上のもとに櫛引弓人《くしびきゆみんど》という人物が、アメリカ興行の話を持って来た。櫛引はアメリカで日本庭園などの商売を手広く行っている人物である。

また櫛引は、明治三〇年に当時「活動写真」「自動写真」などと呼ばれた映画の輸入にも関わっている。映画の輸入はフランスのリュミエール兄弟の発明したシネマトグラフが最初だが、発明王エジソンが改良したヴァイタスコープもほとんど同時期に輸入されている。シネマトグラフの稲畑勝太郎と荒木和一、ヴァイタスコープの吉沢商店と新居商会、これら四団体が同時に全国を巡業するという状況となった。櫛引が経営陣に名を連ねたのは新居商会である。

川上と櫛引がいつ関わりを持ったかは明らかでない。いくつかの評伝は、川上が神戸で偶然のごとく櫛引の来訪を受けたとするが、できすぎた話だろう。一座の藤川岩之助や山本嘉一らが連絡係となって、かなり前から接触を持っていたのではなかろうか。福井茂兵衛の影もちらつく。むしろ日本丸による約四ヶ月の航海は、アメリカ興行の話が成立するまでの時間稼ぎだったのではないかとさえ思われるのである。

明治三二年四月三〇日、川上一座はゲーリック号で神戸を出帆した。五月一日、一日横浜寄港。二日横浜を出港した。藤沢浅二郎や福井茂兵衛が見送ってくれた。

一座のメンバーは次の一九名である。

川上音二郎・貞・川上磯二郎（音二郎の弟）・川上ツル（音二郎の姪、シゲの妹）・藤川岩之助・山本嘉一・和田巻二郎・野垣清一・津阪幸一郎・高浪定二郎・渡辺都一・三上繁・丸山蔵人・小山倉吉（衣裳方）・駒井梅二郎（道具方）・高木半二郎（鬘方）・富士田千之助（長唄）・杵屋君二郎（三弦）・川本末次（事務員）

川上一座の幹部といえる俳優は参加していない。彼らは独立してやっていけるだけの実力をつけていたし、川上も冒険旅行に巻きこむつもりはなかったのだろう。

五月一三日、ハワイ・ホノルルを経て、二一日、サンフランシスコに着いた。このときアメリカ行きを斡旋した櫛引弓人は事業に失敗して、一切を光瀬耕作《みつせこうさく》という弁護士に託した。一座は五月二五日から六月一一日のうち九日間、ジャーマンホールで興行した。観客は在留邦人だから日本のことを懐かしがり、一二七一ドルの収入を得た。二一日にカリフォルニア座に移った。演目は「児島高徳」（「備後三郎」）「楠正成」「道成寺」など得意のもので、やはり興行は好景気だった。「道成寺」は貞《さだ》の出しもので、渡航前に神戸で上演したことはすでに述べたとおりである。本名「貞」と芸者時代の名「奴《やっこ》」を一緒にして「貞奴《さだやっこ》」

「児島高徳」（「備後三郎」）の川上音二郎

という芸名になった。貞奴の踊りはこのあと一座の最大の売り物となる。

四日目が終わったあとのことである。光瀬が四日間で得た利益約二〇〇〇ドルを持ち逃げしたのだ。光瀬には借金があったらしい。カリフォルニア座の門は閉ざされ、衣裳小道具など一座の財産は差し押さえられた。ホテルも追われた。

在留邦人が同情して、義捐興行を開いてくれた。それである程度まとまった収入ができたので、帰国を勧められた。しかし川上はアメリカ巡業を続けると言い張る。一座の中にも帰国を主張するものがあり、一時は一座分裂かと思われたが、川上の主張が通った。すでにこの時点で、川上はパリまで行って万国博覧会に出ると宣言している。

旅を続けるにあたって、姪のツルと弟の磯二郎が足手まといになった。子どもを学校に通わせないことはアメリカでは法律上の問題でもある。八月八日、ツルは青木年雄という西洋画家の養女として引き取られた。青木年雄の貼込帳が松竹大谷図書館に所蔵されており、川上一座の新聞記事や川上からの書簡などが貼り込まれている。川上は律儀に青木に便りをしていたようだ。データベースで閲覧することができる。

一方、弟の磯二郎はアメリカ人の書生にしてもらった。八月末のことと思われる。磯二郎はサンフランシスコでの義捐興行にも出演しているから、俳優をひとり失ったわけである。ツルは、のちに映画女優となり、大スター早川雪洲の夫人となる。磯二郎はニューヨークの俳優学校に通い俳優となる。明治四一年の川上革新興行第二軍（「第二団」とも）に参加する川上磯太は、のちの磯二郎の姿であろう。

さて、明治三二年八月二九日、一座一七人は追われるようにサンフランシスコを出た。船でシアトルへ行く。九月一日到着。川上夫妻だけは遅れて九月六日到着。九月九日からジェファーソン座で興行する。

シアトル到着の三日後に早くも現地で興行ができるということは、先乗りして交渉するスタッフがいたことを示している。綿密にスケジュールが組まれていたのだ。『川上音二郎欧米漫遊記』にしても『川上音二郎貞奴漫遊記』にしても、川上の談話には行き当たりばったりの珍道中が演出されている。命からがら生き延びてきたのだという空気に満ちている。むろんこのあと述べるシカゴなどではそうなのかもしれない。しかし全体的にはこの空気は疑ってかかるべきだろう。井上理恵は、サンフランシスコ、シアトルともに川上夫妻は高級ホテルに宿泊したことを実地検証している。裕福でないまでも貧しい旅ではないのだ。『おくのほそ道』の旅が、芭蕉が行く先々で俳諧の師匠として歓待される旅であったことを思い出したい。たしかに道中剣呑《けんのん》な場所もあろうが、「古人も多く旅に死せるあり」の覚悟は疑った方がよい。

さて一座は九月一五日からシアトル座に移った。ここで「芸者と武士」という演目を初演している。歌舞伎の「鞘当」と「道成寺」を一緒にしたようなもので、貞奴がメインといっていい。この妙な演目がこれ以降一座の代表的出しものとなった。シアトル座の興行は外国人に見せることが目的であるから、日本人におかしいと思われてもかまわないのだと川上は言い放っている。シアトルで一週間興行して、九月二七日タコマに移り、二日間興行して二九日にポートランド着、マーカムグランドオペラ座とユー・オー・ダブリュー館で興行した。ここまでのところ、スケジュールどおりに事が運んだ。

ところで「シャートルから市俄高〔シカゴ〕へ着くまでは、芝居を演《や》っては旅費を拵え、拵えては先へ進むという工合で」（『自伝音二郎・貞奴』）と川上が述べているのは例の法螺《ほら》である。一〇月七日にシカゴ行きの列車に乗り、乗り継いで一〇月一一日にシカゴに着いたことは『川上音二郎欧米漫遊記』にも記されている。

シカゴからボストン

一八九九（明治三二）年一〇月一一日、川上音二郎一座はシカゴに到着した。

いままでは新しい街に到着すると、話がついていてすぐに興行することができた。しかしシカゴではそうはいかなかった。上演する劇場がなかったのである。おそらく川上側の制作スタッフとシカゴの劇場側との間に齟齬があったのだろう。

一〇月二二日にリリック座のマチネー（昼公演）が一日だけ空いており、借りることができた。川上は「ライリック座」と称しているが「リリック Lyric」が正しい。地元の日本語新聞はリリック座を「当市第三流の劇場（よく緞帳芝居の来る所なり）」としている。「緞帳芝居」は歌舞伎でいう小芝居のことで、つまり一流俳優は来演しない劇場ということである。

リリック座の初日までは一一日間もあった。この間、宿がないので四畳半ほどの川上夫妻の部屋に一三人の座員が次々と来訪者を装って寝に来たとか、朝飯抜きで昼は七銭、夜はコーヒー一杯で過ごしたとか、そういう苦労話を川上が残している。川上が針小棒大にレポートしたのだとみたい。深入りしないことにする。

リリック座でのたった一回の興行は意外な評判を得た。各紙絶賛である。結局、日延べをして一一月一〇日までシカゴで公演した。

この間、評判を聞きつけた興行師が何人か交渉に来た。このうちシカゴのメカットリーほか二人の興行師と川上は契約をする（マコーレー、カムストックとの説もあり）。その内容は、向こう二〇週間はセントルイス、フィラデルフィア、ボストン、ニューヨークなどで興行し、その後六ヶ月フランスで興行する、ギャラはアメリカでは前半一〇週間は毎週三一九ドル、後半一〇週間は四〇〇ドル、フランスでは毎週五〇〇ドルというものである。これが一一月六日以前の話である。シカゴでの最後の一週間のギャラは四〇〇ドル、別に一人二ドルの手当があったというから、契約成立と前後して急に待遇がよくなったのである。

現地の新聞によると、一座にはKaio University（慶応のことだろうか）の卒業生二〇名がいると川上は言う。そしてそのKaio Universityは、政府の方針で若者を舞台人とするために訓練する機関だということだ。また川上は、自らの劇団を「The Imperial Dramatic Company」すなわち帝国劇団と名乗っている。シカゴではやっと興行できたのだが、それには触れず、シカゴには立ち寄っただけで、一座はこれからニューヨークに行き、その後パリ万博に出演する予定だと語った。

シカゴでの劇評は概ね絶賛口調で、「もし英語で上演したらヘンリー・アーヴィングにも匹敵する」などと評するものもある。また川上自身はパリで演劇の教育を受けたと語った。パリには一八九三年に一ヶ月しか滞在していないのである。

ところで、川上音二郎・貞奴の名前が印刷された葉書がある。「Limited American Tour」と印刷されているから、筆まめな川上がこの巡業中に出すためにあつらえたのだ。Otto Kawakamiこと川上音二郎は「Japan's Henry Irving」、Mme. Yaccoことマダム貞奴は「The Ellen Terry of the Flowery Kingdom」、劇団名は「The Imperial Japanese Dramatic Company」である。こうした大げさな名乗りは、葉書のみならず新聞記事にも散見される。川上の法螺というより、興行師の指示でもあるのだろう。このあと本物のヘンリー・アーヴィング、エレン・テリーのいるボストンに乗り込むのだから、なるたけ自分を高く売っておいた方がよい。なお川上はOtto Kawakamiの呼び名が気に入ったのか、書簡の差出人欄に「音　川上」と記していた。

さて一座は一一月一二日にシカゴを出発し、一二月三日にボストンに着いた。道中、八つの都市で興行しながら進んだ。すでに興行ルートが定められていた。ボストンで年を越し、翌一九〇〇年一月末まで、二ヶ月足らずをここで過ごした。

この間様々なことがあった。もっとも大きな出来事は、女形二人を失ったことだろう。一二月四日、ボストンに着くなり丸山蔵人《くらんど》が入院した。鉛毒つまり白粉《おしろい》の毒に冒されたのである。一二月一二日に亡くなった。丸山は佐藤歳三の弟子で、そのあと水野好美の弟子となり、今回、川上座に加わったのであった。翌年一月二六日には三上繁が入院した。これは酒が原因である。一座がワシントンに移動した一月三〇日、ボストンの病院で亡くなっている。福井茂兵衛や伊井《いい》蓉峰《ようほう》の一座にいた。二人とも女形だったので、一座にとって大きな損失だった。特に三上は英語が話せたので、唯一の通訳をも同時に失ったわけだ。ところでアメリカでは女形というのは存在しないので、新聞ではMiss Mikami・Miss Maruyamaとなっている。

なお川上自身も盲腸炎を患い、明治三二（一八九九）年の一二月に手術を受けて九死に一生を得た。盲腸炎は川上を終生苦しめ、のちのち死に至らしめることになる。

ヘンリー・アーヴィングとの遭遇も一大エポックではある。しかしどこまで親密になり、どこまでお互いを認め合ったのか、対等な付き合いだったのか、川上の証言だけでは判断しがたい。

ヘンリー・アーヴィングについて簡単に説明しておく。

当代随一の名優アーヴィングは、二〇年近くロンドン・ライシアム座のアクター・マネージャーとして君臨した。アクター・マネージャーとは、劇場と劇場付きの劇団を持ち、その経営にも携わる俳優のことである。芸術監督と演出家と経営者を兼ねた絶対的存在と考えてよかろう。当時の興行は、人気俳優を中心に芝居を組み立てる、いわゆるスター・システムである。劇場の最上階に部屋を持っていた。

アーヴィングは女優のエレン・テリーと組んでシェイクスピア作品の新解釈や復活上演に取り組んだ。エレン・テリーはフランスのサラ・ベルナール、イタリアのエレオノラ・ドゥーゼと並ぶ「ヨーロッパ三大女優」のひとりで、息子は舞台芸術家・演出家のゴードン・クレイグである。

一八八五年、アーヴィングは俳優として最初のナイトの称号をヴィクトリア女王より授かっている。日本も同様だが、概して俳優の社会的地位は低い。それを変えたのがアーヴィングだった。しかし一八九九年、経営難からライシアム座を手放すことになる。川上が出会ったのは、本拠地を失ったばかりの失意のアーヴィングだった。

そのアーヴィングが、一八九九年一二月五日、トレモント座の初日に川上の芝居を観に来た。制作スタッフが招待状を出しておいたのだ。川上の公演はマチネー（昼公演）が中心なので、アーヴィングも来やすかったのだろう、息子や関係者を連れて来た。このときの川上一座の演目は例の「芸者と武士」、それに

「芸者と武士」

「甚五郎」である。「甚五郎」はJapanese version of “Pymalion and Galatea”（ピグマリオンとガラテイア）とたとえられた。つまりギリシャ神話を下敷きにして、彫刻家を名人・左甚五郎に置き換えた芝居である。現地の新聞記事は、アーヴィングは川上一座に興味を示し、ロンドン・ライシアム座で上演させる算段を始めたと報じる。しかしライシアム座はもうアーヴィングのものではない。

　逆に川上がアーヴィングの舞台を観るのは、翌一九〇〇年一月二四日、演目は「ヴェニスの商人」であった。

「ヴェニスの商人」はいわばアーヴィングの十八番《おはこ》で、初演は一八七九年にさかのぼる。彼の演じるシャイロックは、伝統的なユダヤ人の敵役ではなく、人間性と知性を兼ね備えた生身の人間である。その革新性がうけて、初演時に一〇ヶ月のロングランを記録した。アーヴィングは生涯に一〇〇〇回以上もシャイロックを演じている。川上がアーヴィング以外の大げさで型にはまった演技に出合わなかったのはさいわいだった。アーヴィングのセリフまわしは聞き取りにくかったといわれているが、英語のわからない川上にとってはなんの問題もない。

この自然な演技、型にはまらない演技が川上の目指すところだったのだろう。そしてそれを実践するためには、歌舞伎とはまったく異なる俳優教育が必要である。川上が法螺交じりにときどき演劇学校や俳優教育の話をするのは、実は川上の真実の声である。照明を自由自在に操っていたこと、背景が上下左右に何枚も準備されていたことにも川上は強い印象を受けた。

ところで「ヴェニスの商人」だが、翌一月二五日、川上もアーヴィングの向こうを張ってボストン座で「才六《さいろく》」を上演した。貞奴はポーシャ役を振られたが、どうしていいかわからないと言うと、観客は日本語がわからないから「スチャラカポコポコ」でいいから身振りとセリフに力をいれて熱心に見せろ、と川上は答えた。川上扮する才六（シャイロック）は、なぜか北海道の漁師である。アントーニオの胸の肉を切り取るときに、大工でもないのに矢立《やたて》の筆と曲尺《かねじゃく》で胸に三寸四方の四角を描いた。これがアーヴィングより細かいというので喝采を受けたという。そんなはずはなかろう。ただし、もしその「細かい」演技が本当に自然で真に迫ったものであったなら、観客の心をとらえた可能性もあるにはある。「才六」はニューヨークでは「パントマイム」と評された。黙劇というよりクリスマスシーズンに演じられるショー的要素の強い笑劇という意味だろうか。川上への評価の振れ幅は大きい。

ワシントン、ニューヨーク、そしてロンドン

ボストンで年を越した川上音二郎一座は、一九〇〇（明治三三）年一月二九日に首都ワシントンに移っ

た。公使の小村寿太郎が、二月六、七日の二日間、貴顕紳士を招き夜会を開いてくれた。日本公使館は狭いので二日にわたったのである。一座は「児島高徳」（「備後三郎」）「曽我討入」「道成寺」を出した。ワシントンに着いた翌日、三上繁がボストンで亡くなった。丸山・三上という二枚の女形を亡くしたので、夜会では鬘《かつら》を担当していた高木半二郎を急遽女形にして出した。「曽我討入」の化粧坂《けわいざか》の少将の役である。化粧坂の少将は曽我五郎（川上）の愛人、大磯の虎（貞奴）は五郎の兄・曽我十郎（藤川岩之助）の愛人である。高木は目がくぼんでいるうえに演技がまるでなっていないので、小村公使は吹き出してしまった。しかしアメリカの賓客は、こういうものだと思ったらしく神妙に観ていた。西洋の女性は目がくぼんでいるので不自然はなく、逆に評判がよかった。

なおこの夜会にはマッキンレー大統領が来席していた。川上は図らずも大統領の上覧を得たのである。小村寿太郎は、川上の後ろ盾である金子堅太郎とはハーバード・ロースクールでともに学んだ間柄である。金子から川上のことを聞いていたのかもしれない。ボストンにもこっそりと観に来てくれた。ただし、小村は明治四四年に関税自主権を回復して不平等条約完全撤廃を果たすことになる外交官である。外交が政治・経済・軍事に加えて文化をも含めた総力戦であることを誰よりも知る小村であってみれば、川上は二日間の夜会を開いてでも貴顕紳士に披露しなければならない男だったのではなかろうか。川上のフェイクの部分を差し引いてもである。

さて川上一座はワシントンを一週間で打ち揚げ、二月八日ニューヨークに着いた。最初の約二〇日間の動静は不明、三月一日から一〇日までバークレー・ライシアム座で大入をとり、より広い劇場を求め、三月一二日よりブロードウェイのビジョー座に移る。ここでは川上が演じた劇よりも、このときニューヨークで上演されていた演目の多様性に着目したい。

川上一座が滞在中のニューヨークの演劇シーンは様々な内容と様式のごった煮であった。ワラックス座ではネザーソル主演の「サフォー」が上演中であった。続いてピネロ作「二度目のタンカレー夫人」が上演された。ハロルド・スクエア座では三月五日からデイヴィッド・ベラスコの「マダム・バタフライ」が蓋を開けた。

「サフォー」が風俗を壊乱するというのでニューヨーク婦人倶楽部で問題になり、上演中止になったことは夙《つと》に知られるところで、川上一座がその日本版を上品に演じて喝采を得たことも多くの先学が指摘している。

一方で、ベラスコの「マダム・バタフライ」が人気を博していたことはあまり触れられていない。これはマーチン・ルーサー・ロングの同名小説をベラスコが買ったものである。ロングは日本にいた姉と、ピエール・ロティの自伝的小説『お菊さん』（一八八七年）の双方の影響を受け「マダム・バタフライ」を書いた。のちにプッチーニがオペラにする。日本の事情に暗いベラスコは舞台化に際してロングの助言を求めている。ベラスコ自身は、俳優・作家・演出家・劇場主のどの立場においても成功者だった。スター・システムの時代に演出家という職業を確立した人でもある。もうひとつ特徴を挙げるなら、照明の魔術師ということであろうか。

「サフォー」上演禁止のあとを受けたピネロの「二度目のタンカレー夫人」は、英国独特の風習喜劇の土台の上にイプセン風の問題劇的状況設定を加え、チェーホフの「かもめ」風のアンチクライマックスで締めくくった作品である。作劇法としてはいま述べたとおりだが、ひと言でいうと当時最先端の社会悲劇である。

「マダム・バタフライ」と「二度目のタンカレー夫人」を川上が観ることができたら、その後の演劇人としての人生はまた違ったものになったかもしれない。

ところで川上は、ニューヨークでは俳優学校を熱心に視察している。川上は、そこで見聞きした事柄を帰国後事細かに語っている。授業は教師が一方的に教えるのではなく、それぞれの学生が研究成果を持ち寄って披露する。学校の行き帰りなど、町で出会った様々の職業・階級の人たちの仕草や物言いまでも研究してそっくり真似るのである。椅子の掛け方、顔の洗い方など、課題ごとに学生がやって見せて教師が採点する。メイク（変装といってもよい）や、動物の鳴き声を真似る一種のアニマル・メソッドもある。これらが一年生のクラスで、二年生のクラスでは筋のある劇仕立てのものをパントマイムで川上に見せてくれた。川上の自慢話でもなんでもないので信用できるだろう。

そして川上は次のように述べる。


将来俳優になろうという少年の男女を、教育して行くより外に手段は無い。その教育をするのは、結局俳優学校です。始めっからあっちのように完全無欠なことは望まれぬから、今日の日本に適するような、極めて卑近な俳優学校を設立して、芸道と学問となるべく並行して行くように、教育の方針を取るのです。これでなくちゃ、いくら劇界の刷新だとか演劇の改良だとか絶叫をなされても、今の興行師や俳優には馬の耳に風です。

（『自伝音二郎・貞奴』）

歌舞伎のような約束事の「型」に堕ちず、かつ日常を再現するための強固なスタイルが川上の求めていたものだった。川上の終生の宿題となる。

一九〇〇年四月二八日、一座はニューヨークを出帆し、五月八日、英国リバプールに着岸、その足で汽車に乗りロンドンに着いた。この時点で一九人いた一座は川上と貞奴を入れて一三人になっている。姪のツルと弟の磯二郎はサンフランシスコで人に預けた。丸山と三上はボストンで亡くなった。事務員の川本は三上の死と前後して脱落、さらにニューヨークを発つ直前の四月一〇日に渡辺都一が失踪した。

ロンドン・コロネット・シネマ（著者撮影）

さて、アーヴィングはロンドンの劇場に紹介状を書いてくれたというが、それはライシアム座ではなかった。ロンドン中心地からはずれたノッティングヒル・ゲイトにあるコロネット座である。川上一座が訪れたとき、コロネット座には先約があったので二二日まで待たされた。

川上は「劇場はコロネット座というて、まず倫敦の歌舞伎座です」というが、規模としては中劇場程度だろう。いまは「コロネット・シネマ」という映画館になっている。

コロネット座ではマチネーばかり一ヶ月興行を打ち続けた。アメリカでは「道成寺」や「左甚五郎」など舞踊的なものが受けた。「児島高徳」については、なぜそれほどまでに忠義をつくすのかという声がアメリカではあったが、うってかわってイギリスでは評価された。「児島高徳」は後醍醐天皇の時代の忠義をテーマにした演目である。同じ君主国の国民にはすんなり腑に落ちたのだろう。

六月二二日、好評のうちにコロネット座を打ち揚げた川上一座に、思いも寄らぬ話が舞いこむ。バッキンガム宮殿においてウェールズ皇太子の上覧にあずかるというのである。皇太子はビクトリア女王の子で、のちのエドワード七世である。これを例の大法螺と見る向きもあるが、皇太子上覧は間違いのないところだ。ただし、バッキンガム宮殿は川上の思い込みで正しくはケンジントン宮殿であろう、と井上理恵は推測している。

上覧は六月二七日、それまで一座は興行を禁じられた。精進潔斎せよということだろうか。当日は王室より二〇〇〇円を賜った。

翌六月二八日、一座はロンドンをあとにする。いよいよパリに渡るのである。

パリ万博

一九〇〇（明治三三）年六月二九日、川上音二郎一座は万国博覧会に沸くパリに着いた。

これに先立ち、パリの新聞が日本からは歌舞伎と伊井蓉峰一座が万博に出品する由を伝えたと、四月八日の『読売新聞』は報じる。伊井は日本で「最も有名なる絶妙なる技倆を具へたる伊井蓉峰一座」と形容されている。真偽の程は明らかでないが、万国博覧会側と日本の演劇界との間に水面下で様々交渉のあったことは容易に想像できる。四月の時点で川上一座のパリ行きはまだ決定していないから、日本の舞台芸術を代表して誰かが万博に出演しなければならないという思いが日仏双方にあって不思議はない。

結果、パリに渡ったのは川上だった。栗野慎一郎公使が支援してくれた。パリ到着の翌日、日本公使館主催のパーティに川上一座の演目を上演させてくれたのだ。

栗野は金子堅太郎と同じ福岡出身であり、ともにハーバード大学で学んだエリート中のエリートである。それがまったくバックグラウンドの違う川上を贔屓にしたのは、単に同郷という理由だけではなかろう。栗野には万博成功という至上命令があった。

川上一座が出演した劇場は、ロイ・フラーが万博会場に特設した劇場である。ロイ・フラーはモダンダンスの先駆者であり、電気照明をいち早く採り入れた「電気踊り」で一世を風靡した女性舞踊家である。その踊りは、照明の角度によって長い衣裳の下の身体の線をチラチラと見せる「サーペンタイン・ダンス」と呼ばれるもので、パリ万博の呼び物のひとつだった。ロイ・フラーについては荒俣宏が『万博とストリップ』の中で相応の紙数を割いて論じている。なお荒俣は、身体の線を見せる

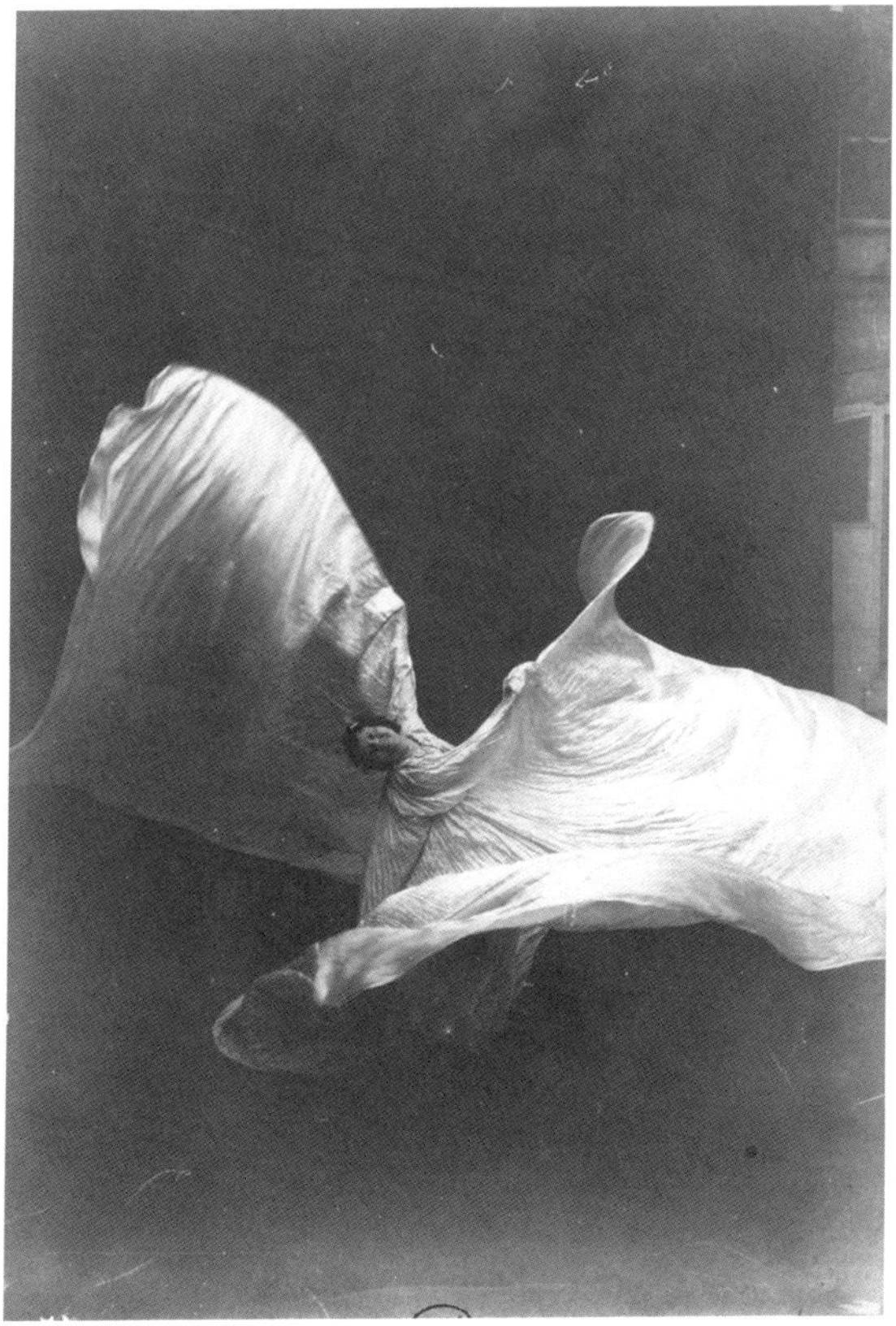

ロイ・フラーの電気踊り（wikimedia commonsより）

ストリップの系譜をなすダンサーに対して、貞奴の踊りを「キモノのエロティシズム」と評している。同じ特設劇場で競演した貞奴とロイ・フラーは好一対をなしていたのである。

ロイ・フラーは興行師としてもやり手だった。観客の入りが悪いとギャラを値切ったり、逆に入りが良いと一日の興行回数を三回四回と増やしたり、演出に口出しをしたりした。帰国後、川上はフラーのことを「六〇に近いお婆さん」で金にうるさい「喰えないばばあ」だと語っている。実際はフラーは川上より二歳年上の三八歳で、お婆さんどころかまぎれもない現役。万博でも川上一座の演目の合間に「電気踊り」を見せたのだから、なぜ川上がこんな見えすいた嘘をつくのか理解に苦しむ。それほどフラーに悩まされたということだろう。

初日は一九〇〇年七月四日だった。演目は「袈裟と盛遠《もりとお》」と「芸者と武士」である。ロイ・フラーは、日本には切腹というのがあるようだが、どのようにするのかわからないので舞台で見せてくれとリクエストをする。

「袈裟と盛遠」は遠藤武者盛遠が罪もない袈裟御前を殺す（袈裟御前からそう仕向けたのだが）芝居である。本来なら盛遠はこのあと出家して文覚《もんがく》上人になるはずだが、パリでは川上扮する盛遠が切腹することになった。しかも立ち腹である。

「芸者と武士」はすでに述べたように、「鞘当」と「道成寺」を合わせたものである。前半部「鞘当」は歌舞伎十八番の演目で、吉原で不破伴左衛門と名古屋山三《さんざ》が刀の鞘が当たった（いまでいう肩が触れた）ために喧嘩になる。そこに傾城《けいせい》（高級な遊女）葛城が登場して二人を分けるのである。「芸者と武士」では貞奴の葛城は川上扮する名古屋山三に深く馴染んでいる。一方、津阪幸一郎の不破は葛城に横恋慕し、山三と決闘をすることになる。その後山三に妻のあることを知り、葛城は激しく嫉妬する。山三は葛城から逃れて道成寺に駆けこむ。ここからが「道成寺」になるのだが、歌舞伎舞踊の「道成寺」が安珍・清姫伝説の後日譚で、主人公の白拍子花子がこの世の者ではないのに対し、「芸者と武士」では貞奴は清姫そのものである。つまり葛城は男をどこまでも追い求める現世の人物なのだ。歌舞伎の道成寺では、蛇体になって（鱗の模様の衣裳を着る）幕切れになるが、「芸者と武士」では貞奴の葛城は蛇体のまま嫉妬に悶絶して果てる。これがパリでは女の切腹に変わった（実際には短刀で喉を突いて果てた）。

舞台で流血が、しかも「ハラキリ」が見られるというので突如観客が殺到した。最初の契約は週三〇〇〇ドルの約束だったが、入りが悪く二日目に半額にされていた。しかしハラキリのおかげで三〇〇〇ドルに戻った。「フランス人は華奢風流に見えて実は悲劇や惨劇を好み、血を見ずにはいられない国民だ」。川上はのちにこんな感想を述べている。

一座の人気は特に貞奴に集中した。彼女はまさに生きた浮世絵だったのである。彫刻家のオーギュスト・ロダンや小説家のアンドレ・ジッドなど、一級の文化人が貞奴を絶賛し、一九歳の貧乏画家であったピカソはその姿を素描に残した。新モード「ヤッコ・ドレス」や香水「ヤッコ」の発売など、その人気は社会現象にまでなる。最初は一週間だった契約は大人気のため更新され、興行は一一月三日の万博閉会まで続けられた。この間、興行日数一二三日、上演回数は「芸者と武士」一二八回、「袈裟と盛遠」八三回、「左甚五郎」三四回、「児島高徳」二九回、その他五回、計三六九回である。一日三演目を上演した計算になる。

一座は一一月四日ベルギーに移る。五日、川上夫妻はフランス政府から三等勲章「オフィシェー・ド・アカデミー」を授かった。またベルギー美術学校の名誉紀章を授与された。その後一座はイギリスを経て帰国の途に就く。みじめなボートによる航海から二年が過ぎていた。

再び欧州へ

欧米を漫遊した川上音二郎一座一三名は、明治三三（一九〇〇）年一二月二七日長崎に着岸し、三〇日佐世保発の汽車に乗り、翌明治三四年元旦に神戸に着いた。川上はアメリカで発病した盲腸炎を癒すため、しばらく貞奴と有馬に湯治をした。

東京新橋に着いたのは一月一八日である。停車場では福井茂兵衛・伊井蓉峰らの俳優や、葭町《よしちょう》の芸妓、各劇場関係者ら数百名が旗や幟を立て、音楽を奏して盛大に出迎えた。川上一座の出で立ちは、男性はみなフロックコートの洋装、西洋の貴婦人のような貞奴の姿が目をひいた。川上だけは羽織袴との報告もあるが、さだかでない。

帰国早々『中央新聞』からインタヴューを受ける。「世界の檜舞台を踏みし川上と貞奴」というタイトルで一月六日から三月六日まで連載された。これが四月に『川上音二郎貞奴漫遊記』という一冊の本にまとめられた。この本には後述する「洋行中の悲劇」の台本も収録されている。坪内逍遥の弟子・土肥春曙《どひしゅんしょ》があとがきを書いた（連載記事はのちに『自伝音二郎・貞奴』に収録されるが、本文に異同がある）。また川上自身、二月に日記体の『川上音二郎欧米漫遊記』を出版していた。こうした記録のおかげで、われわれは欧米での活動を知ることができるのである。もちろん例の大法螺は差し引かねばならないが。

川上には四月に再渡航する話が決まっていた。パリ滞在中の明治三三年一〇月三一日付で、ロイ・フラーと再契約をしていたのだ。出国まで日にちのないなかで、川上は三上・丸山の追善芝居「洋行中の悲劇」だけは上演することにした。

一月三〇日から大阪道頓堀・朝日座で「新演劇大合同」の五日間興行を行う。この興行は、高田実・藤沢浅二郎・佐藤歳三・村田正雄・静間小四郎・喜多村緑郎などの新演劇オールスターキャストで、入場料も破格だったが入りも上々だった。出しものは「洋行中の悲劇」と「英国革命史」である。なお当初はユーゴーの「エルナニ」が予定されていたという。

「洋行中の悲劇」はボストン滞在中、三上繁・丸山蔵人という二人の女形を病気で失ったことを芝居にしたのである。上の巻「シカゴ演劇の場」はリリック座での「児島高徳」をパントマイムの劇中劇で見せ、中の巻「川上説諭の場」ではリリック座の成功のおかげで久々にビフテキにありついた一座の喜びがリアルに演じられた。下の巻「ボストン病院の場」について新聞は「三上〔藤沢浅二郎〕丸山〔小織桂一郎〕両人の病死は殆ど芝居と思はれぬほど真に迫り満場感に打たれハンケチを放す者なき程なりき」（『中央新聞』二月二日）と評価した。一方の「英国革命史」は「俳優の共進会」と称せられた。オールスターは主にこちらに出演している。

なお、この「新演劇大合同」ではオールスターのほかに全国の新演劇の俳優千六百余名、六〇の劇団から俳優を選抜したという。その中に日清戦争劇の頃から九州で活躍していた山岡如萍《じょひょう》の名前も見える。明治二八年四月、川上一座が博多・教楽社に巡業したとき、中洲・栄楽座でこれに対抗した正風義会一座の座長が山岡如萍であった。大都市だけでなく全国の新演劇をまとめ、俳優のレベルを引き上げようという意図が川上にはあったのではないか。それが新演劇のパイオニアたる川上の矜持であろう。のちに「新派」

の名で呼ばれる川上以外の新演劇は、大都市の一線級の俳優と、二線級や地方の俳優との間に甚だしい質の差が見られた。新派が全国的な広がりを失い、最終的にはジャンルというより東京新派・関西新派に縮小され、最後は一劇団になってしまうのは、川上のような視点を持たなかったためだろう。

その後、福井茂兵衛・藤沢浅二郎を中心に一座を組み直し、神戸・相生座（二月八―一四日）、東京・市村座（二月一八―二六日）、横浜・羽衣座（二月二七日―三月一日）、京都・南座（？―三月一三日）と巡演して大入りをとった。演目は「洋行中の悲劇」と「武士的教育」である。

ただし一連の興行は、道具書割が斬新であることと電気照明による演出が珍しいのみで、内容への言及は少ない。そればかりか、川上の演技面での進歩が疑問視される。川上が日本を留守にしている間、ほかの新演劇の俳優たちが確実に腕を上げたことが比較対照されたのだ。

いま新演劇の俳優たちが「腕を上げた」と述べたが、これはカッコ付きの表現だと但し書きしておきたい。彼らの演技は限りなく歌舞伎役者のそれに接近したのであって、新しい演技術を獲得したのではない。歌舞伎的演技によって近代日本の風俗を文芸的に表現する方向に向かったということである。一方川上は欧米で歌舞伎の焼き直しの戯曲を上演したに過ぎないが、頭の中では常に新しい風俗をどのような身体によって表現するかを考えていた。日常を表現するための強固なスタイルを獲得するために、川上は俳優教育にこだわり続ける。川上は市村座の千秋楽の日、来年帰国の後は俳優学校を設立すると観客に宣言している。

四月六日、川上は横浜から讃岐丸に乗船した。その直前の三月三〇日から四月二日まで、一座は長崎で興行している。長崎打ち揚げ後に川上ひとり一旦帰京し、六日横浜を出帆したのである。ほかの座員は四月一三日、門司港から讃岐丸に合流した。

メンバーは次のとおりである。

川上音二郎・藤沢浅二郎・松本政雄・野崎三郎・服部谷川《こくせん》・倭輝久雄・中田重雄・三輪実・小山倉吉・駒井梅次郎・高木半二郎・藤田仙之助・杵屋君三郎・川上貞奴・石原なか・小山つる・浜田たね・西尾とし・太田なみ

今度は貞奴のほかに五名の女優を同行させた。「女優」とはいえ、石原なか（四一歳）を除く四名は素人である。男優では盟友・藤沢浅二郎が加わり、坪内逍遥門下の土肥春曙が同行した。通訳兼解説者兼舞台監督というような立場である。

六月四日ロンドンに着いた。一八日よりロンドンの中心部ピカデリー・サーカスにあるクライテリオン座で初日を開ける。現在のクライテリオンの客席数は約六〇〇、大劇場ではない。七月一五日にシャフツベリー座に移る。こちらは客席数約一四〇〇、堂々たる大劇場である。当初は前年に興行したコロネット座が予定されていたようだが、劇場街ウエスト・エンドで興行する資格を得たということだろう。ロイ・フラーはロンドン公演から参加しており、舞台にも立っている。それが契約の条件である。契約は六月一七日に発効した。四日にロンドンに着いた一座が初日を一八日まで延ばしたのはロイ・フラーとの契約のためだろう。ただしロンドン公演に限っては、前年のコロネット座公演のプロデューサー、ソーンダースの力が大きいと井上理恵は言う。一座は八月七日にシャフツベリー座を打ち揚げた。前年のコロネット座ではマチネーだけの公演だった。今回は二ヶ月近く、昼夜公演である。

ロイ・フラーとの契約は次のとおりである。興行時間は毎週日曜日を除き八回（昼二回、夜六回）を上限とし、毎回二時間半より長く上演すること。ギャラは毎週一〇〇〇ドル（二〇〇ポンド、四〇〇〇マルク）。衣裳・道具は川上一座持ち。ロイ・フラー、川上いずれかが契約を破棄した場合、五万ドルの違約金が課せられる。昼二回、夜六回、計八回というのは、現在では常識的な上演回数である。これを上限とするのは、前年のパリ公演が度を超して過酷であったということであり、逆にいえばこういう制限をかけなければ際限なく上演回数が増える恐れがあったということである。

一座はロンドンのあとグラスゴーからベルギーに渡り、そのあとフランス、ドイツ、スイス、オーストリア、チェコ、クロアチア、ハンガリー、ルーマニア、イタリア、スペイン、ポルトガルと、一九〇二（明治三五）年六月まで約一年間ヨーロッパを巡演した。ペーター・パンツァーの調査では、ドイツ語圏に限っては、一九〇一年一一月一一日から翌年四月二日まで、一五〇日足らずの間に八ヶ国四〇都市を巡演したことがわかっている。移動日以外はすべて公演というスケジュールだった。

ベルリンで川上がハラキリを見せたとき、これを外道視する意見が出た。フランスで受けたハラキリであるから、これを敵視したくなるのはドイツ人の性《さが》でもある。このときベルリンにいた巌谷《いわや》小波《さざなみ》は、次のような弁護文をドイツ各紙に投稿している。

川上は日本の五、六派ある各派の最も新しいもので、今後大いに進歩の見込がある。今日の芸だけを見て日本の芸能一般を評価するのは当を得ていない。川上が欧米に来た最初であり、他の派からも追々来るだろうからそれを見て日本劇を評価してほしい。

（『都新聞』明治三五年一月四日）

「五、六派」ある「各派」というのは新演劇に歌舞伎も加えてのことだろうか。

巌谷は父が医者で貴族院議員という家柄だが、文士の道を選び、一〇代で尾崎紅葉の硯友社《けんゆうしゃ》に入った。のちに触れる江見水蔭《えみすいいん》とも交流がある。少年少女のセンチメンタルな恋愛を描き、児童文学のジャンルを確立する。右の弁護文は、川上を弁護しているのかしていないのかよくわからないが、のちに川上一座のために「お伽芝居」を書くからには関係良好だったのだろう。

川上一座は一年に及ぶ欧州巡業を終え、明治三五年八月二〇日、阿波丸にて神戸に着いた。川上が欧州で練ったアイデアを試すのは明けて明治三六年になる。

正劇運動

茅ヶ崎・川上邸における音二郎と貞奴（明治35年頃）

「オセロ」

川上音二郎一座は二度目の欧州興行（洋行そのものは三度目）を終え、明治三五（一九〇二）年八月に帰国した。このあと茅ヶ崎に新宅を購入し、しばらく静養した。まだ盲腸炎は完治していない。川上は帰国後第一回の興行には満を持してのぞむつもりでいる。

最初の企画はシェイクスピアの四大悲劇のひとつ「オセロ」と決まった。作者には尾崎紅葉門下の若き作家・江見水蔭《えみすいいん》を迎えた。江見は『神戸新聞』にいた頃に川上と交流があり、いまは博文館の編集者として川上に好意的な記事を書いていた。川上が江見に支払うと公言した原稿料は一〇〇〇円、相場の一〇倍以上である。ただしのちに江見が語るところでは、原稿料はちびちびと数回に分けて七〇〇円ほど支払われたようだ。三〇〇円しか支払われなかったという説もある。いずれにしても大金だ。これを聞きつけた若い文士が江見のまわりに群がった。江見は浪費家で、一年もたたないうちに原稿料を使い尽くした。江見は小説家としては終生世に出なかった。

明治三六年二月一一日、「オセロ」は明治座で初日を開けた。やはり「翻訳」ではなく「翻案」で、設定は原作のベネチア―キプロス島から明治の東京―台湾へと移し換えられた。何度も指摘するように、現代または近未来に設定を移すのが川上の特徴である。上演に先立ち、川上は前年一一月より台湾・澎湖島《ほうことう》を視察している。川上扮するオセロは台湾提督・室鷲郎《むろわしろう》、高田実のイヤーゴーは伊屋剛蔵《いやごうぞう》、藤沢浅二郎のキャシオーは勝芳雄《かつよしお》、貞奴のデズデモーナは鞆音《ともね》である。貞奴のほかにも守住月華《もりずみげっか》（市川久女八《くめはち》）がイヤーゴーの妻おみや（エミリア）に、鞆音の侍女・糸子に内田静枝が扮するなど、女優を積極的に登用したのは画期的なことである。山田五十鈴の父・山田九州男が琵琶香（ビアンカ）を演じている。

貞奴は帰国後は二度と舞台に上がらないと決めていたが、川上に頼みこまれてやむなく役を受けた。受けたからには一から発声訓練をした。石でできた西洋の劇場は声の反響がよいが、日本の劇場は木と紙でできている。声が吸い込まれるのだ。

舞台前面は額縁で囲まれ、西洋風の劇場が再現された。観客席と舞台は切り分けられ、観客は額縁の向こうに異空間を見ることになる。背景には洋画家を使う予定だったが、歌舞伎の大道具方・長谷川勘兵衛の機嫌を損ねたため実現しなかった。そのかわり長谷川は奮発して、キプロス島にあたる台湾・澎湖島の海岸をパノラマ風に見せて評判をとった。懲りすぎて大道具の入れ換えに手間取り、幕間が一時間にもなった。照明に色が使用されたのもこのときが始めである。

稽古充分の俳優たちはそれなりに演じきった。ただし兵隊に広告配りの人足を雇ったため、初日にきっかけを間違えてイヤーゴーではなくオセロが撃たれてしまうという一コマもあった。客席は溢れんばかりの大入りだったが、みな静粛に鑑賞した。これまでにない現象である。結果的に、川上は演劇の品位向上という目的に近づいたのだといえる。実際、この後の川上の公演には知識階級の観劇が目立つようになる。坪内逍遥・森鷗外という文学界の二大巨頭が、若干の戸惑いを見せつつもこの舞台にそれなりの評価をしているのも興味深い。

ただし、川上のシェイクスピア劇には、知識人から見て我慢のならない履き違えがあり、これがのちの新劇運動に反面教師的につながっていく。たとえば、オセロの室鷲郎を九州出身の軍人という設定にして、川上は九州弁丸出しで演じている。また原作のオセロがムーア人であるのを新平民という設定にして赤黒く化粧をした。

川上は「オセロ」を「正劇《せいげき》」と名付けた。『都新聞』は「正劇」に「ドラマ」とルビを振った（一月一五日）。悲劇にも喜劇にも属さないジャンルを「ドラーム（正劇）」と名付けたのは一八世紀なかばに活躍したフランスのドゥ・ニ・ディドロである。しかしこれは市民社会が成熟するとき啓蒙的使命を帯びて登場する市民劇を指すので、川上の目指した演劇とは少しずれがあろう。川上が言う「正劇」とは、音楽性を排したセリフ劇という意味である。なお明治三四年七月に、明治座で伊井蓉峰が「該撒奇談《シイゼル》」を上演したときに「正劇」の語を冠している。

「オセロ」に先だって、川上は「俳優に踊りは要らぬ」と宣言している。欧州ではさんざん歌舞伎もどきの舞踊劇で売ってきた川上が、同じ口でセリフ劇を主張するのはおかしい。しかし、西洋では演劇と舞踊との明確な区別がついており、舞踊は俳優のやるものではないと川上は言う。歌舞伎役者の初代市川左団次のように、踊りの素養がまったくなくても西洋ではそれが常識なのだと。日本芸能の特質を無視した発言だが、セリフ劇（というより対話の劇）を成立させようとする決意だとみたい。「オセロ」は二月二八日に千秋楽を迎え、その後、京都・神戸・大阪でも大成功をおさめた。

なお、これより約一年早い明治三五年三月、伊井蓉峰・河合武雄が東京・真砂座で「心中天の網島」を皮切りに近松研究劇を始めている。音楽劇である近松門左衛門の浄瑠璃をセリフ劇に仕上げ、かつ原作に忠実に演じるという冒険的な試みだった。伊井・河合は真砂座に立てこもって奮闘した。

余談だが、四月六日に川上座改め改良座が火事で焼失している。明治二九年に開場した川上座は明治三一年に金融業者・山崎武兵衛の手に渡り、明治三二年に「改良座」と改称された。山崎は新演劇の座附俳優を擁して計三三度興行を行ったが、その努力は煙草の火の不始末によって灰燼《かいじん》に帰した。損害は四万円にも達したという。

「マーチャント・オブ・ヴェニス」と「ハムレット」

川上音二郎一座は、明治三六（一九〇三）年六月に東京・明治座で「東京市養育院慈善演劇」を行った。川上の慈善好きはいつものことだが、注目すべきことがいくつかある。まず、新演劇のオールスターが揃ったこの興行が「新派大合同」と称され、「新派」の語が定着するきっかけとなったことである。また翻案ではなく翻訳の「マーチャント・オブ・ヴェニス」を上演したのも新しい試みだった。前年まで川上一座の洋行に随行した土肥《どひ》春曙《しゅんしょ》の翻訳である。

しかしそれ以上に注目すべきは、これが興行制度改革への布石だったということだ。

この興行で、川上は切符制を実行する。つまり入場料（木戸銭）のみ、場代・座布団代・煙草盆代などを一切とらない制度である。現在では切符一枚つまり入場料のみで観劇できるのが当たり前だが、かつては料金体系が二重三重になっていた。まず席料、すなわち場代が別に要る。座布団や煙草盆にも料金がかかる。芝居茶屋は桟敷の客に酒肴・幕の内弁当、休憩場所の提供など様々な便宜を提供した。また平場の客に対しては出方《でかた》（中売り）が客席で押し売り同然のサービスをした。観劇には様々な出費が発生したのだ。川上自身も川上座を設立した際、茶屋五件と出方三〇名を募集している。その後、茶屋・出方の廃止

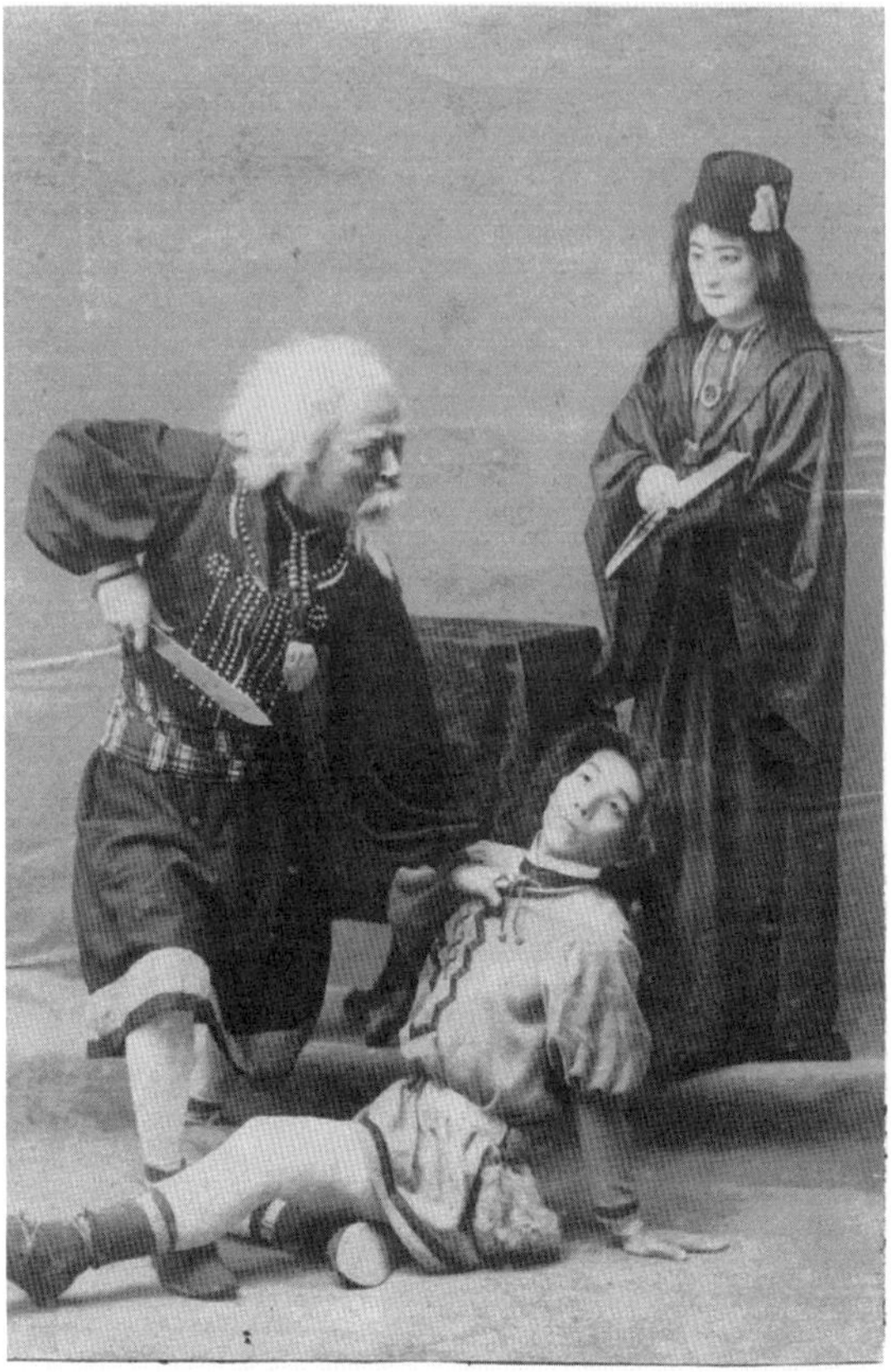

「マーチャント・オブ・ヴェニス」
でシャイロックに扮した川上

を主張するようになるのだが、強い反発にあって実行することができなかった。しかし今回は「慈善」の二文字がきき、場代・座布団代・煙草盆代、その他は芝居茶屋の負担となった。

たった七日間の慈善興行だったが、川上は既成事実をつくったのである。

なお、「マーチャント・オブ・ヴエニス」と同時に高安月郊《たかやすげっこう》作「江戸城明渡《あけわたし》」が上演されている。高安は前年、福井茂兵衛らと京都演劇改良会をリードした人物である。運動は約一年と短命だったが、その動きは川上と響き合っていた。ただし「江戸城明渡」の台本は不出来だったようだ。実は高安は「江戸城明渡」ではなくイプセンの「人形の家」を川上に勧めたという。しかし川上が難色を示した。その理由はわからない。

さて、この「江戸城明渡」を観た歌舞伎俳優の中村芝翫《しかん》・市村家橘《かきつ》・市川高麗蔵《こまぞう》らが「刀の差し様も知らなければ　駕籠の出入りも丸っきり御存知がない、矢張り書生役者の川上音二郎だ、城渡しの場は裃《かみしも》の着様も知らず」などと批判した。川上にしては珍しく着物による明治維新劇だったからアラが出た。チョボや鳴り物を一切排したセリフ劇にも違和感があったのだろう。歌舞伎俳優たちも慈善演劇を望んでおり、川上に先を越されて癪に障ったのかもしれない。「俳優に踊りは要らぬ」の挑発的発言も尾を引いていたとみえる。

中村芝翫はのちの五代目中村歌右衛門、福助時代に奴（貞奴）と浮き名を流したこともある。女形として歌舞伎界に君臨する。市村家橘はのちの一五代目市村羽左衛門、美男の俳優として圧倒的人気を誇った。市川高麗蔵はのちの七代目松本幸四郎、希代の弁慶役者であり一一代目市川団十郎・八代目松本幸四郎・二代目尾上松緑《しょうろく》という名優三兄弟の父である。当時芝翫三八歳、家橘二九歳、高麗蔵三三歳、血の気の多い年頃であった。彼らは「四人組」と呼ばれる。あとひとりは六代目尾上梅幸だと思われるが、なぜかその名は紙上から消えた。「四人組」に対して、川上一座の佐藤歳三・藤沢浅二郎・福井茂兵衛・高田実が芝翫らに立合演劇を申し込んだ。歌舞伎と新演劇の演目を並べて上演し、優劣をつけようというのだ。この話はいつの間にか沙汰止みになった。

ところで若き歌舞伎俳優たち全員が旧弊な保守主義者だったわけではない。高麗蔵は染五郎時代から西洋演劇にも興味を持ち、洋風の化粧法を研究していた。藤沢浅二郎が明治四一年に開校する東京俳優養成所では、日本舞踊のほかに化粧術の講義も担当している（村島彩加『舞台の面影』）。

その進取の気性は、八代目幸四郎・二代目松緑、さらにミュージカル「ラ・マンチャの男」を成功させた九代目幸四郎、そして当代・十代目幸四郎へと引き継がれている。

さて、明治三六年一〇月、川上は「五ヶ条の改良案」を発表し、川上一座と契約する劇場はこの条件をのむべしと宣言する。

一　上演時間は午後五時三〇分より同一〇時まで四時間半とし、幕間は三〇分とすること
二　観劇料は従来の三分の一に減額し、すべて切符制にすること
三　客席での飲食を厳禁すること
四　舞台道具は西洋画家を主任とすること
五　人力車を雇い、終演前に場内において乗車券を発売すること

本郷座がこの五ヶ条を承諾し、「ハムレット」を上演することとなった。木戸銭・座布団代・下足預かり料、それに出方への祝儀は一切なし、入場料は一等（桟敷・高土間）一円、二等（平土間）五〇銭、三等（大入場）二五銭と、シンプルな体系にした。二月の「オセロ」の場代は桟敷九円五〇銭、高土間七円五〇銭、平土間五円五〇銭、正面六円五〇銭、前舟（二階正面）四円五〇銭であった。これらは一間の料金で、五人詰めと考えると桟敷なら一人一円九〇銭、これに木戸銭ほかの出費があるから、「ハムレット」の一等一人一円は格安である。

ところが初日の一週間前、川上が出方たちに暴行を受けるという事件が起きる。川上は伊藤博文の紹介で警視総監と会い、演劇改良の必要性を説いた。これを受けて本郷警察が事件を起こした出方たちを呼び出し、厳しく説諭した。川上はそれでも納得せず、彼らを解雇するように本郷座座主にせまる。その見返りとして、川上は出方たちに補償金を支払うはめになる。また、西洋画家を主任としたことに異議を唱えた大道具の長谷川にも、応分の金を渡した。

「ハムレット」は一一月二日に初日を開けた。やはり現代日本に設定を置き換えた翻案劇で、ハムレットこと葉村年丸《はむらとしまる》に藤沢浅二郎、オフィーリアことおりゑに貞奴、クローディアスこと蔵人《くろうど》に川上が扮した。川上は九州訛りが抜けなかった。人の良さが出てしまい、悪役のクローディアスには不向きだという評がある。

翻案を担当したのは土肥春曙と山岸荷葉《かよう》であるが、実質的には山岸単独の翻案といってよい。山岸は土肥とともに逍遥門下であった。尾崎紅葉の硯友社《けんゆうしゃ》に所属した小説家でもある。ところで「ハムレット」の中で、というより演劇史全体の中で最も重要なセリフが上演ではカットされた。ハムレットの独白「To be, or not to be, that is a question（生きるべきか、死ぬべきか、それが問題だ〈河合祥一郎訳〉）」である。この独白は当初山岸の台本にあったにもかかわらずである。

「ハムレット」でオフィーリアに扮した貞奴

さて「ハムレット」の舞台だが、舞台前面には額縁が建てられ、客席前方にはオーケストラボックスが設置された。客席を暗くし、舞台にだけ照明があてられる。洋画家・山本芳翠《ほうすい》の手がけた青山墓地のセットに年丸の父の幽霊が現れると、照明が刻々変化し、観客を驚かせた。いわゆる調光である。当初背景画は山本芳翠ひとりに任せる予定だったが、発注してから初日までの日数が足りない。結局山本芳翠は青山墓地と劇中劇の場面だけを担当し、ほかは長谷川大道具にまかせた。長谷川が担当した場面は格段に見劣りがした。

「ハムレット」は、劇場に入れずに帰る観客が毎日数百人にのぼるほどの人気だった。本郷座座主は長年の欠損を一気に埋めることができた。経営者は毎晩莫大な収益が入るので置き場に困り、座敷の縁の下に埋めて夫婦で寝ずの番をしたという。

なおこの「ハムレット」を契機に、ほかの新演劇や歌舞伎までが西洋種の翻案物を続々と上演し始める。やがて興る「新劇」（カッコ付きの）も含めて、演劇界はジャンルの境い目が見えない興味深い時代に突入するのである。

明治三七年博多

ここで川上一座の博多来演について触れておきたい。話は翌明治三七（一九〇四）年一二月に飛ぶ。川上音二郎一座は九年ぶりに博多・教楽社《きょうらくしゃ》に巡業した。かつて博多一の劇場であった教楽社は老朽化が進み、大物の来演は途絶えていた。これにかわって東中洲には明治三六年に明治座が、川上一座来演直前の明治三七年一一月には寿座が開場し、博多興行界は新しい時代に突入する。人気の川上だから、どの劇場からも引っ張りだこのはずだが、川上は教楽社を選んだ。

教楽社の初日は一二月二日、演目は「鶴亀」「ハムレット」「浮れ胡弓」の三本であった。「鶴亀」は歌舞伎の「式三番《しきさんば》」にあたるもの。「浮れ胡弓」は前年一〇月に初演したお伽芝居という新しいジャンルである。

開演時刻は午後五時。「五ヶ条の改良案」を実行したというよりは、送電の始まる時刻に合わせたのである。入場料は東京・本郷座のときと同様、下足代・木戸銭・場代を一本にまとめた。一人につき優等一円、一等八五銭、二等七五銭、三等五〇銭、四等三五銭である。

「ハムレット」の大道具は大仕掛けであるため、一二月一日初日のところ、一日遅れて二日になった。それでも大道具に凝る川上一座にしては上出来である。大道具方・前崎正五郎の手柄だろう。新聞も「道具方は殊に川上の指名せる博多中土居町前崎庄〔正〕五郎機敏に立働けば、幕間も短く見物も満足なりし」(『福岡日日新聞』一二月四日)と記す。川上が教楽社にこだわる理由はここにある。今後調査しなければ明言はできないが、大道具の先駆者である川上には、各地に前崎正五郎のような信頼のおける大道具方がいたに違いない。

その大道具だが、次のような記事がある。少し長いがそのまま引用しよう。

舞台は全面洋式に拵え、正面の土間に楽隊を置き、光線を舞台の天地側面に採り、見物の所を暗くして、舞台面を明るくしたのは、京地《けいち》には敢て珍しくもないが、当地では始めてである、殊に書割は悉く様式を用い、舞踏鶴亀の背景は兎も角として『ハムレット』青山墓地の書割は流石に山本芳翠が腕を振い一時批評家の口に上りしだけありて、荒涼陰森《いんしん》として寒風枯木に戦《そよ》き、鬼気人に迫る所、片割月の雲を帯て次第に西山《せいざん》に落ちる仕掛など、確に一見の価値あるもので、通常見物人よりは劇場関係者乃至は後素《こうし》研究の人々には是非一見するの必要があろうと思う。(『福岡日日新聞』一二月七日)

東京の観客には東京なりの、地方の観客には地方なりの驚きがある。

特に貴重な証言だと思われるのは、「光線を舞台の天地側面に採り」という記述である。いまもロングランを続けるロンドンミュージカルの傑作「オペラ座の怪人」では、ハー・マジェスティーズ座の舞台の額縁の内側に、オペラ座の額縁を二重にこしらえている。その額縁が、天と左右に電球を等間隔に並べたデザインなのである。原作者は推理小説の名手のガストン・ルルーで、時代背景は一九世紀末、まさに川上が洋行したときに目の当たりにしたはずのパリ・オペラ座内部の景色である。今回の「ハムレット」の額縁がまったくそうであったと断言はできないが、オペラ座の劇場を再現したとしても不思議はない。ところでシェイクスピアの「ハムレット」は一七世紀初めの作品で、舞台は額縁ではなく観客席に向かって張り出していた。このちぐはぐさが川上である。

なお、オーケストラボックスの設置、客席を暗くして舞台に集中し場面に応じて変化させる照明など、それまでの博多には全く見られなかった演出であった。

開演は午後五時だが、三時四時より押しかける観客は引きも切らず、特に上等の席は予約でふさがった。一一月一八日に開場した寿座はこけら落とし興行の最中であり、明治座では一一月二二日より中村時蔵の大一座が開き、さらに寄席・雄鷹《ゆたか》座では一二月三日に人気絶頂の浪曲師・桃中軒雲右衛門《とうちゅうけんくもえもん》が初日を控えていた。このような状況で、川上ひとりが異常な人気を博した。地元劇通にとっても目を見張る現象であった。

博多のあと一座は若松・朝日座に移るのだが、ここでは暗転が用いられた形跡がある。場面転換において、舞台と客席の照明をすべて落とし、その間に道具を替えるのである。教楽社の前崎正五郎が出向いて大道具を受け持った。こうした冒険的な演出は、劇場の設備や電灯会社の仕様に左右されるので、地方によって差がある。各劇場のコンディションにあわせて、臨機応変に演出を変えなければならないのが地方巡業の難しいところである。当時は電気の供給も不安定で、不測の事態も起きる。この一月に浪花座で興行したときには初日から二日連続で上演中に照明が落ちた。大阪電灯会社の落ち度である。

ちなみに早稲田大学演劇博物館蔵の手書きの台本にも、出版された活字本にも、「暗転」の指定はない。台本執筆の段階では想定していなかったのだろう。暗転が全国で行われるのは、明治四〇年頃を待たねばならない。

「浮れ胡弓」の貞奴

ところで「ハムレット」のあとに出した「浮れ胡弓」は、お伽芝居という新しいジャンルである。明治三六年一〇月三日と四日の二日だけ、本郷座で「浮れ胡弓」と「狐の裁判」が上演された。日本で初めての子ども向けの演劇で、原作者はドイツで川上と交流のあった巌谷《いわや》小波《さざなみ》である。教楽社での興行は、川上の病気のため一日延引して一二月八日に千秋楽を迎えたのだが、この日は五時からの通常の公演に先立ち、昼間に博多部の各小学生を招いてお伽芝居を上演している。明治二六年の博多・教楽社興行の観客の九割は男性であったことを考えると、川上は確実に観客層を拡げていたことがわかる。なお、お伽芝居は川上のレパートリーの中で後世すこぶる評判がいいのだが、博多では不評だった。盲腸炎が再発したため、川上が「浮れ胡弓」への出演を取りやめて「ハムレット」に専念したことに加え、台本が大幅にカットされて筋がわからなくなったことによる。

こうした不満を差し引いても大好評の公演だったが、演技面への言及は少ない。演出面の新機軸ばかりが注目されたからだ。なにに向わなければならないか、川上にはわかっていたはずである。あせる川上だが、この九州巡業で再発した持病の盲腸炎は川上の命を削っていく。

二代目市川左団次と川上

川上音二郎が正劇「ハムレット」を上演して、「新派」の地位を不動のものとした明治三六（一九〇三）年は、歌舞伎界にとっては厄年だった。

二月に五代目尾上菊五郎が、九月に九代目市川団十郎が亡くなり、歌舞伎界は「団菊」と並び称された名優を一気に失ったのである。団十郎の葬儀では、川上は伊藤博文を説得して弔辞を代読した。売名行為と笑う者もあったが、一国を代表する俳優の死に、政治家は敬意を払うべきだというのが川上の考えであったに違いない。川上は歌舞伎を敵に回しながらも、その総大将の団十郎を心から尊敬していた。

翌明治三七年八月には初代市川左団次が亡くなる。これで明治の歌舞伎をリードしてきた「団菊左」がすべて姿を消したのである。初代左団次は、明治座の座主でもあった。左団次の息子・市川莚升《えんしょう》（のちの二代目左団次）は、明治座と多額の借金を相続する。この向こう見ずの二五歳は父の跡を継いで明治座を拠点に一座を旗揚げしたが、結果は思うように出ない。その莚升に救いの手を伸ばしたのが川上だった。歌舞伎俳優は川上にとっては敵である。しかし川上は莚升のような覇気に満ちた青年が好きなのだろう。正劇運動が明治座の「オセロ」（明治三六年二月）からスタートしたという恩義もある。

　明治三七年一二月の九州巡業を終えた川上は、翌年二月に「王冠」を莚升の劇場・明治座で上演した。フランソワ・コッペ作・長田《おさだ》秋濤《しゅうとう》訳である。川上が二度目の総選挙に落選した明治三一年八月、歌舞伎座で二番目に出したのが「三恐悦」という演目で、これを翻案したのが長田秋濤であった。観客が退屈したため改作して上演したが、秋濤が臍を曲げて一時は川上との間が険悪になったのだった。川上は、こうした因縁の相手とも簡単に手を握ることができる。「王冠」は、日本の将軍が清国・黒龍州をロシアから奪還するも、陰謀によって将軍夫人がロシアに寝返り、将軍までも夫人に従うので、将軍の息子が両親を殺害して自害するという悲劇である。日露戦争を当て込んだものと思われる。川上はこのとき赤地に金糸で「正劇」と書いた緞帳を三越に注文した。「三越呉服店調製」の文字が大きすぎるので紛糾したが、「王冠」開幕に間に合わないので仕方なく使うことにした。ぎりぎりまでもめたため、緞帳は初日の三幕目にやっと間に合った。

「王冠」を打ち揚げたあと、地方巡業に出た。四月、四国高松で盲腸炎が悪化した。前年の九州巡業で発症したものである。モルヒネを打ち続けたため中毒となり、五月には岡山で腎臓萎縮を併発して一時人事不省に陥った。一座は巡業をとりやめ、川上はしばらく神戸で静養することになる。

　明けて明治三九年二月一〇日、明治座で「モンナワンナ」を上演する。メーテルリンク作・山岸荷葉翻案である。一九世紀末からヨーロッパの文芸思潮は自然主義から象徴主義へと移りつつあった。メーテルリンクはその代表的作家のひとりである。結果的に川上はこの時流に乗ったことになる。

ただし日本の文壇は、明治四〇年に島崎藤村が『破戒』を自費出版して評判を得、明治四一年に田山花袋が『蒲団』を発表して物議をかもすなど、世界の潮流から遅れて自然主義文学へと傾斜してゆく。坪内逍遥の弟子・島村抱月《ほうげつ》は明治三五年から三八年までイギリスとドイツに留学し、象徴主義の時代が来たことを実感するが、帰国後、藤村や花袋の登場によって自然主義擁護の論客になる。

ところで「モンナワンナ」だが、連日満員で予約の客をさばききれないため、二五日まで打ち続けた。川上は莚升の明治座に莫大な利益をもたらした。

このあと、川上は明治三九年四月の大阪・中座の巡業に莚升を誘う。川上は莚升を連れて初代左団次の贔屓筋や市川右団次・中村鴈治郎・片岡我当《がとう》など大阪の名優に挨拶まわりをした。おかげで川上一座のあとの中座は莚升と決まり、鴈治郎が共演してくれることとなった。莚升は九月に二代目左団次を襲名し、一二月には演劇視察のため欧州へと旅立つ。やがて演劇史に名を残すことになるこの青年に、川上が与えた影響がどれほど大きかったか知る人は少ない。

二代目左団次と川上の物語はこれで終わりではないが、ひとまず明治三九年四月に話をもどす。大阪で莚升に肩入れしている最中に川上の盲腸炎が再発する。前年四月の四国巡業の際に、モルヒネ中毒と腎臓萎縮を併発したが、この持病と付き合いながら、川上は激務をこなし続けねばならなかった。実は大阪に新しい劇場の建設を企て、またもや高利貸しに手を出していたのだ。七月には次回作「祖国《パトリー》」の興行権が借金六万円のカタに差し押さえられるという事態が発生する。これはなんとかおさめて、九月二三日に名古屋・御園座で「祖国」「新オセロ」の初日を開けた。その後一〇月に東京・明治座に移った。一一月の大阪・中座で、「祖国」を最後に一旦俳優活動をやめ、興行師に専念すると発表する。劇場建設をひかえて二足のわらじは履けなくなっていた。

川上は、この「お名残興行」を持って、神戸・和歌山・岡山・尾道・広島と精力的に巡業した。

川上が広島・新地座に出ていた明治四〇年一月二〇日、角藤定憲《すどうさだのり》が神戸で客死した。没年四二歳。死因は肺炎とも腎臓炎ともいう。新聞は「新演劇の祖、角藤定憲の死」と見出しをつけた。明治二一年一二月、新町座で一座を旗揚げして以来、地方廻りに終始してほとんど東京の土を踏むことのなかった角藤である。死によって「新演劇の祖」が久々に新聞紙上に出たのだ。良くも悪くも新聞の話題に事欠かなかった川上とは対照的な演劇人生だった。新派各派が会葬し、川上も人を遣った。誰も角藤を忘れていなかったのだ。豪放でいやみのない芸風だったという。

明治四〇年博多

川上音二郎一座は広島のあと下関を経て、明治四〇（一九〇七）年二月、博多に乗り込んだ。劇場はやはり教楽社である。

教楽社は老朽化のため開店休業状態で、前年一〇月からこの年の一月まで修理のため本格的に休業していた。さらに教楽社は地主である聖福寺との間に敷地問題を抱えていた。土地を返還する年限にきていたのだ。しかし交渉が成立したのだろう。一月末に普請をすませ、川上一座を迎え入れることができた。

「新オセロ」の川上と貞奴

初日は二月一四日の予定で、一日前の一三日に地元小学生徒を招待してお伽芝居を見せるはずだった。しかし大雪のため大道具の搬入が間に合わず、予定を一日ずらすことになった。

演目は「鶴亀」「児島高徳」（「備後三郎」）「祖国《パトリー》」「新オセロ」である。電気の都合により開演時間は午後五時三〇分とし、一分間も遅延せず、初日より惣幕出揃いで上演すると予告した。四つの演目のうち、「祖国」と「新オセロ」は明治三九年の名古屋・御園座に始まり、東京・明治座、大阪・中座、神戸・大黒座から山陰を経て博多に至る一連の巡業で毎度上演されている。

大雪のため大道具の搬入が間に合わなかったと先に述べたが、この大道具は書割その他すべて東京・明治座の興行の際に改良したもので、運搬しやすく取り回しやすいように欧米式に屏風仕立てで折りたたみが可能だった。これを持ち込んだのである。川上は大道具は地元で作るものという慣習までも変えてしまった。この道具立ては「祖国」に使用された。

地元の新聞『九州日報』には「暗転《ダークチエンジ》」の語が見える。これが福岡・博多の新聞における「暗転」の初出である。舞台と客席の照明を落とし、折りたたみ式道具により短時間に場面転換をする。この方式は巡業各地で用いられたようである。なお新聞記事に「舞台面には『正劇』の二字を錦糸もて現はした緋の緞帳を張り」（『福岡日日新聞』二月一七日）とあるので、明治三八年二月の「王冠」の際に新調した三越呉服店の緞帳も各地で用いられたのだろう。

毎回こうした新機軸に評価が集中する川上一座だが、今回は演技面でも高い評価を得た。「鶴亀」では貞奴がますます円熟の境に入ったと評された。「児島高徳」は明治二六年六月の博多来演の際も上演された息の長い演目である。前回と比べ、川上の高徳は「高徳の精神に至っては非常の上達、古英雄の風采を燃るが如き赤誠を、遺憾なく発揮したのは、何等の至芸であろう」（『九州日報』二月一七日）と絶賛口調である。

問題の「祖国」だが、川上の鐘撞丈治《かねつきじようじ》は「至妙の出来」（『九州日報』二月一七日）、「何ともなきような役なれど、一段と見物の感を深くしたのは、不思議で、是が役を仕活かしたというものであろう」（『福岡日日新聞』二月一七日）と、これまた絶賛。特に川上の自然な演技が評価されている。ようやく川上の目指していたものが実を結び始めたということか。

「新オセロ」も次の記事に見るようにすこぶる評判がいい。

新オセロは近頃の喜劇で、恐らくこれくらい笑わされたものはなかろう〔略〕鞆音〔貞奴のデスデモーナ〕と室〔川上のオセロ〕との問答中、女学生の流行語を摘《はさ》んで、いやよ式、てよだわ式など大笑い

（『九州日報』二月一九日）

であった。

これらの評から、川上の演劇はひとつの到達点を示したものと理解することができる。

本公演同様に注目すべきは、各地で初日前の一日を割いて行った生徒向けの招待公演である。出しものは「児島高徳」と、前回酷評されたお伽芝居「浮れ胡弓」であった。「児島高徳」はいわば教訓劇である。またお伽芝居は、そもそも生徒児童の鑑賞にたえるように書かれたもので、喜劇性と教訓性を併せ持っている。芸術至上の立場からすれば、教訓やテーマはむしろ不要なのだろうが、演劇が様々な要素を持つ多面体であるからには、教育との接合面があってしかるべき道理である。また演劇が反社会的で、教育や教養の埒外にあるならば、それは文化としての拡がりを欠くことになる。

川上は、こうした演劇の多面性と微妙な立場について、ほとんど本能的な敏感さを持っていたのではないか。それは文化人というよりは興行師としての感覚であったかもしれないが。

かつては様々問題があった。児童・生徒のマナーに格差があったり、場内がざわざわして困ったりしたこともある。地方の小学校長から観劇を断られるという苦い経験もした。内容が教訓的でないという批判も受けた。しかしこうした問題点を克服した結果、お伽芝居をはじめとする教育的演劇は受け容れられたのだ。川上の真のねらいがどこにあったか、いまとなっては知るよしもないが、演劇と教育の接点を考える者など、それ以前にいなかったことはたしかなのである。

二月一四日、博多・教楽社には三〇〇〇人の児童・生徒が詰めかけた。教楽社の収容定員が約一七〇〇だから、よくも詰めこんだものだ。みな静粛に舞台に見入っている。最初の「児島高徳」は南朝の忠臣。その忠義のありさまは学校でも教え、よく知られるところだが、「劇を見るのでその印象はすこぶる明確なものとなる」と記者は教育効果を認めている。

川上は壇上に登場して、「高徳のような偉い人になりなさい」と述べ、「現今の演劇は大人の観るもので児童の観るものでないから、先生の御許しのない限り、観ることはならぬ」と説いた。「現今の演劇」とは、歌舞伎と、壮士気質の消えない新演劇を指すのだろう。要するに川上一座以外は観てはならぬというのだ。傲慢ともとれる発言だが、反発する声はない。

博多の前に下関・稲荷座で興行した際、やはり生徒・児童が招待されているが、このときの引率にあたった某教師のインタヴューが二月一六日の『九州日報』に掲載されている。かいつまんで言うと、こうである。

教師には不安があった。演劇というのは卑猥な内容も含んでいるので、観せてよいものかどうかと。学校では寄席や芝居には行くなという態度をとってきたのである。ところが劇場内に入ってみると、案内係の親切丁寧なこと、場内がほかの演劇と異なり静粛であることに教師は驚く。そして例の川上の「演劇を観てはならぬ」のスピーチ。演劇の内容は教訓的かつ面白い。生徒はすっかり満足し、教師自身もこれが時世に合った教育だと納得した。

前回（明治三七年）の博多来演では「浮れ胡弓」は不評であった。川上は盲腸炎で出なかったし、筋を端折ったのでよく理解できなかった。それにひきかえ今回は完成度が高く、児童・生徒に大変うけた。お伽芝居は完成へと近づいていたのだ。

この巡業は、「お名残興行」つまり川上が俳優としては一線を退きプロデューサーとして立とうとする決意表明であり、それだけに大規模で力のこもったものだった。一座は教楽社のあとも長崎・久留米・熊本・佐賀・小倉と精力的に興行を行っている。長期の巡業をスムーズに行えるだけの計画性と技術と経験が一座に備わっていることが、この強行軍の必要条件だった。

さて、川上一座の去った教楽社は、ニワカや素人芝居でつないだあと、三月には坂東太郎・尾上松之助の一座を呼び寄せている。たまたまほかの劇場が興行の谷間にあったこともあって意外な入りであったが、劇評は可もなく不可もなし。セリフの難が指摘される尾上松之助は、のちに無声映画のスター「目玉の松っちゃん」となる。太郎・松之助一座の興行は三月一七日から四月七日まで行われ、そのあとニワカと素人芝居がかかったところで、教楽社の退転が決定する。教楽社跡に尋常高等小学校が新設されることが決定したのである。

明治一六年四月の開場以来、博多の興行界をリードしてきた教楽社の幕はこうして閉じた。ただしその廃材は東公園に移され、明治四三年に博多座となって再出発することになる。そのこけら落としは川上音二郎一座であった。

さて、九州巡業を終えた川上は一旦帰京後、明治四〇年七月、貞奴らをともなって欧州へ旅立つ。すでに新劇場・帝国座の土地は大阪北浜に確保していた。同年四月に建設許可もおりていた。今回の洋行の目的は新劇場建設のための劇場視察である。機材・調度品も現地で調達する必要がある。また貞奴には女優養成所を見学するという目的があった。

帝国座、そして死

「生蕃討伐」の川上音二郎

川上革新興行

明治四〇（一九〇七）年七月、川上音二郎・貞奴は演劇視察のためフランスに渡る。前年一二月にひと足早く洋行した二代目市川左団次とは、彼の地で会う約束をしていた。ところが左団次は明治四〇年八月、川上と入れ違いにさっさと帰国してしまう。

洋行から帰った左団次は、自ら経営する明治座の改革に乗り出した。入場料を切符制にし、場内での飲食は禁止、大道具には洋画家を起用した。川上の興行制度改革を真似たのである。ライムライトという新型照明も欧州から持ち込んだ。団十郎の娘・実子（翠扇）、左団次の妹・幸子（松蔦）など女優を登用したのも新しい。

明治四一年一月一四日、明治座の初日が開いた。演目は松居松葉《しょうよう》作「袈裟と盛遠《もりとお》」、坪内逍遥訳「ヴェニスの商人」などである。松葉は坪内逍遥門下、明治三二年、初代左団次に「悪源太《あくげんた》」を提供したことでも知られる。「悪源太」は歌舞伎以外の作者による脚本が歌舞伎俳優によって上演された最初である。松葉は二代目左団次との付き合いも深く、欧州にも随行していた。そもそもこの改革を提案したのは松居松葉だった。その後大正から昭和にかけて、二代目左団次はじめ多くの歌舞伎俳優に「新歌舞伎」の台本を提供する。のち松翁と改める。

一方の坪内逍遥は言わずと知れた文壇の重鎮で、シェイクスピア全三七作品（現在は四〇作品とする説が有力）を最初に翻訳したシェイクスピア学者でもある。その訳は現代でも色褪せず、独特の格調を持つ。

川上夫妻と左団次（川上邸にて）

明治座の興行は準備万端、失敗をするはずがなかった。劇評は絶賛口調だった。ところが茶屋や出方の不満分子が裏で画策をし、客席で騒ぎを起こして興行を壊してしまった。茶屋制度に慣れた観客からも不満が出る。幕内からも観客からも見はなされた左団次は窮地に陥った。一月一九日には舞台で改革の撤回を宣言することになる。この失敗で責任を感じた松居松葉は一時東京を去る。

その年の五月に帰国した川上は、複数の興行を同時多発的に行う「川上革新興行」を試みる。東京の田村成義、京都の白井松次郎（松竹の創業者のひとり）、大阪の河村末吉といった興行師と提携し、いくつかの劇団に東京・名古屋・京都・大阪・神戸・広島を巡演させる計画である。各地の興行師が俳優を取り合うとギャラがつり上がる。ギャラの高騰は入場料に反映される。川上の目的のひとつは入場料を安価に抑えることだった。なお、当初川上は右の六都市以外にも全国にネットワークを張りめぐらし、大道具・小道具・衣裳などを効率的に使い回す計画を立てていたようだ。

さて「川上革新興行」だが、川上はその第一軍（「第一団」とも）に洋行問題で遺恨のあった市川左団次を登用した。第二軍（第二団）には貞奴中心の女優メンバーを揃えた。

明治四一年九月一三日、第一軍と第二軍はそれぞれ明治座と本郷座で同時に初日を迎えた。両劇場とも初日から大変な人気で、左団次も名誉を回復する。切符制、場内での飲食禁止などの改革は当然のごとく実行されたが、左団次のときのようなトラブルはなかった。川上はあらかじめ不満分子を抑えこんでいた。プロデューサーとして、川上は左団次よりもはるかに老獪《ろうかい》だったのである。

第一軍の演目は川上が岡本綺堂に頼みこんで書かせた「維新前後」である。これを機に左団次と綺堂との関係ができ、やがて二人は提携して明治四四年初演の名作「修禅寺物語」で「新歌舞伎」という新しいジャンルを確立することになる。

かたや第二軍の演目は田口掬汀《きくてい》作「日本の恋」と益田太郎冠者作「喜劇　啞の旅行」である。益田太郎冠者は三井財閥の長男・益田太郎である。明治四四年三月に開場する東京・帝国劇場に多くの喜劇を提供した。

第一軍、第二軍ともに一演目中に幕間すなわち休憩時間をとらず、すべて暗転で場面転換を行った。フランスから持ち帰った暗転装置を複製し、「川上式暗転電機」と名付けて活用したのである。これは舞台・客席両方を完全暗転にするのではなく、舞台を暗転にして装置を換えている間、客席には赤色の光を放つ仕組みである。第一軍・第二軍はこの新機軸を持って全国を回る。

ところで、貞奴は本郷座興行中の九月一五日に「帝国女優養成所」を発足させている。一〇〇人以上が応募し、森律子・村田嘉久子など一五人が入学を許可された。「帝国」の名を冠してはいるものの、発会式は芝の理髪店の二階で行われた。渋沢栄一・大倉喜八郎・益田太郎・福沢桃介など、財界の錚々たる顔ぶれが揃った。福沢桃介は貞奴の初恋の相手で、川上の死後、事実上の夫婦となる。この顔ぶれから、川上も貞奴も、帝国劇場の幹部となることが約束されていると思っていたようだ。はたして翌年七月から女優養成所は帝国劇場付属となる。しかし貞奴は名誉教授という実態のない役職に追いやられ、養成所の主導権を失っていた。梯子はすでに外されていたのだ。

なお、川上の旧友・藤沢浅二郎もこれに触発されて、同年一一月に「東京俳優養成所」を独力で開設した。坪内逍遥も、翌明治四二年五月に演劇研究所を開いている。時代が俳優の養成を求めていた。

再び「川上革新興行」に話を戻す。第三軍は沢村訥子《とつし》・尾上卯三郎の合同一座が予定されていた。ところが尾上卯三郎は独立して第四軍を率いることとなる。そもそも「川上革新興行」は明治四一年六月の時点で第一軍が歌舞伎座付きの青年歌舞伎俳優、第二軍が高田実・河合武雄・藤沢浅二郎などの新演劇一座、第三軍が貞奴と村田正雄の合同一座とされていた。それがいつの間にか左団次の第一軍、貞奴の第二軍に再編され、いままた卯三郎が訥子の第三軍から独立して第四軍で孤軍奮闘することになった。歌舞伎俳優・新派俳優・女優をすべて傘下におさめようとした川上の目論見は実現しなかった。

明治四二年六月五日、第二軍と第四軍は明治座と本郷座で初日を迎えた。例の同時多発興行法である。演目は、貞奴の第二軍が「間諜兵」と「芸者と武士」、卯三郎の第四軍が「善と悪」と「嵐山花五郎」だった。両座の共通券が販売されている。

ところで第四軍を率いた尾上卯三郎だが、演劇史上極めて特異な歌舞伎俳優である。安政七（一八六〇）年生まれ、昭和三（一九二八）年没。おそらくは誰の影響も受けず、誰にも影響を与えていない。写実的な芸と激しい立ち廻りを得意とした。立ち廻りも歌舞伎特有の段取りではなく、実践さながらで、舞台では血のりを口から吐き出して絶命したという。晩年は初代中村鴈治郎の一座で敵役をつとめた。具体的な劇評に乏しいのでその実態はつかめない。

前年の明治四一年三月に嵐巌笑と一座して博多・明治座に巡業した際の新聞評が手がかりになる。「善と悪」では猟師・甚吉となり、猪と間違えて人を撃ったり、悪人・熊五郎に金をせびられたりして絶体絶命となるが、最後は熊五郎を銃殺して自分も死ぬ。新聞は「かかる芸と来ては関東関西唯一の専売で、新旧両劇の中をくぐりたる手一杯の芝居」(『福岡日日新聞』三月一五日)と評している。「嵐山花五郎」では侠客・花五郎に扮し、代官所で縛られてなぶり殺しになるところを逃れ、代官ともども自分をおとしめた者を皆殺しにする。次の演目は「錦織《にしきおり》熊吉」。これは新聞種の「早教訓開化節用《おしえぐさかいかせつよう》」(明治八年初演)だが、明治七年に巡査上がりの錦織熊吉が矢場女を三人殺して自害した事件を仕組んでいる。いずれも激烈な生を生きる人物に扮しているが、その演技は「糊気《のりけ》」のない写実的なもので、「新旧両劇」すなわち新演劇と歌舞伎のはざまを行くというのである。臭い芝居で博多の観客にも飽きられつつあった嵐巌笑と一座しているのが取り合わせとして興味深い。巌笑とからむ演目では比較的軽い役で付き合っている。

特異な俳優・卯三郎を「川上革新興行」に選んだ川上の眼力には無視できないものがあろう。ただし第四軍のその後の足どりはさだかでない。貞奴の第二軍と沢村訥子の第三軍は地方巡業をしたことがわかっている。

さて第一軍を率いた市川左団次だが、この明治四二年には新しい運動に身を投じることになる。

自由劇場と文芸協会

明治四二（一九〇九）年一一月二七日と二八日、二代目市川左団次は演劇史上画期的な瞬間を演出することになる。小山内薫率いる自由劇場の旗揚げ公演、イプセン作・森鷗外訳「ジョン・ガブリエル・ボルクマン」の主役として舞台に立ったのである。

午後六時の開演に先立ち、二八歳の小山内薫がフロックコート姿で満場の観客の前に現れた。小山内は言う。「私共が自由劇場を起しました目的は外でもありません。それは生きたいからであります」。一階の椅子席からは文壇での不遇をかこつ谷崎潤一郎が見あげていた。当時二四歳の谷崎は、少し年上の小山内の、気高く、若く、美しく、赫耀《かくよう》とした姿に心打たれた（『青春物語』）。

小山内は自由劇場設立の意義を述べ、公演の準備不足を詫び、最後に三階席に目をやる。「自由劇場は近い将来に桟敷や土間の看客諸君はことごとく三階へ上って頂き、その代りに三階の看客諸君――即ち我学生諸君はことごとく桟敷や土間の椅子へ座って頂きたいと思って居ります」。こう締めくくって一礼した。

三階席からは中学生の芥川龍之介が見おろしていた。芥川によると「三階一ぱいに鈴なりになった学生諸君」は「嵐よりも大きい喝采を送った」という。そして芥川は、この夜小山内の姿に「新時代のチャンピオンを発見した」（未定稿「今昔」）。

公演の行われた有楽座は「劇場」ではなく「高等演伎場」に分類される。定員九〇〇名のほとんど全席が椅子席で、開演中の飲食は禁止された。客席を暗くして舞台だけに照明があてられた。背景は洋画界の大家四人が筆を揮った。暖炉の火や窓の外の雪、橇《そり》の鈴の音までがリアルに再現された。インテリ層からなる観客は、この新しい劇空間に見入った。

そして奇跡が起きた。

実は小山内の開演前のスピーチは、稽古不足を詫びるためのエクスキューズだった。台本の印刷が遅れたうえに、左団次はじめ歌舞伎俳優たちには本公演があり、小山内にも東京俳優養成所の仕事があった。稽古が十分でないまま初日を迎えたのだ。ところが俳優たちは大きなミスなく演じきった。小山内のスピーチ、有楽座という異空間、特殊な観客層という取り合わせの妙により、この公演は快挙として長く語り継がれる。翌朝の新聞は「革命の鐘鳴る」と書き立てた。

小山内に師事していた田中栄三は終演時の様子を次のように証言している。

満員の見物席は暫くの間、水を打ったように静まり返っていた。そして…やがて…感動の唸り声が、渦のように巻き起った。

（『明治大正新劇史資料』）

しかしもし奇跡が起こらなければ、つまり本番中、俳優たちが稽古不足を露呈するようなヘマをしでかして公演をだいなしにしていたら、日本の演劇史は別のものになっていたかもしれない。良くも悪くもである。このことについては、のちほど考察することにする。

ところでインテリたちが自由劇場の記念碑的成功に酔っているまさにそのとき、本郷座では川上一座の新派大合同公演が行われていた。初日の明治四二年一一月二〇日から劇場には観客が押し寄せ、警官まで

「ボンドマン」

が出動して座席の割り振りを手伝った。演目はホール・ケイン作「ボンドマン」である。翻案をしたのは、左団次の明治座での失敗以来しばらく隠退していた松居松葉だった。松葉は左団次とともに洋行した際の一九〇六（明治三九）年九月にロンドン・ドゥルリーレーン座での初演を観ており、上演権・翻訳権を獲得したのだという。

「ボンドマン」は、ケインが自らの同名小説を脚本に書き換えたもので、もとが小説だけに場面が多く筋の緊密さに欠ける。内容もいたって通俗的で新しいところはない。原作はマン島からシシリー島へと場面を移すが、川上版は清水港からフィリピンである。

この時期、洋の東西を問わず、演劇人は小説を劇化する愚について深く考えていない。川上をはじめとする新演劇は、小説家に台本を依頼したり小説を劇化したりした。ほかに書き手がいなかったから仕方がない。しかしこれが演劇を多場面でなければならないものとし、場面のスムーズな転換に執着しつづける川上を生む。しかし小説と演劇は別ものである。筋の骨格が違うのである。これに気づかなかったのが川上の限界であり、日本演劇の限界であった。新派凋落の原因でもある。もともと朝から夕方まで観劇をする日本の慣習は、どうしても長く場面の多い戯曲を当然とする。この固定観念は上演時間の短縮を唱えた演劇人の頭からも去らなかった。

イプセンをはじめとする西洋の近代劇はもっと先を走っていた。すなわち少ない場面と少数の登場人物、それに緊密に連絡しあう筋である。さすがに坪内逍遥はこのことに気づいている。「近松対シェークスピア対イプセン」では、イプセンの「大事件が起こるすぐ前の時から幕が明いて、それ以前の事はその幕で段々分かって行って、突如として破裂する」という「回顧兼破裂式」の作劇法について言及している。演劇というのは、歌舞伎のようにまる一日上演するならまだしも、最初から物語を逐一追って舞台に出す必要はない。アリストテレスの『詩学』にいう「認知と逆転」の起こる最も濃密な場面に集中し、その前の出来事はセリフの中に巧みに織り込めばよい。これこそがギリシャ・ローマ以来の古典主義演劇の基本であり、戯曲にあって小説にないテクニックなのだ。この点に関してだけは自由劇場の「ジョン・ガブリエル・ボルクマン」は優れていた。むろん訳者の森鷗外は、とうからこのことに気づいている。

「ボンドマン」に話を戻すと、その俳優陣だが「新派大合同」というだけあって、久々に川上が俳優として出演し、川上との不仲が噂された伊井蓉峰《いいようほう》が一座した。早くに川上と袂を分かって東北に去った初期の川上一座創立メンバー・青柳捨三郎や、九州中心に巡業していた後藤良助も加わった。豪華多彩な顔ぶれである。硫黄山噴火の場面が大仕掛けで話題となった。

本郷座は千秋楽の一二月一〇日まで超満員だった。「ボンドマン」はその後名古屋に移り、大阪・帝国座のこけら落としに上演され、さらに京都、神戸から博多に巡業している。いずれも連日大入だった。

たった二日で「新劇のオリジン」になってしまった自由劇場と、明治四二年一一月から約一年かけて断続的に各地の劇場を満員にし続けた川上一座とを、どのように比較対照すればよいのだろうか。芸術性と通俗性（あるいは集客）、どちらを優先すべきなのか。両者の関係はこれから述べる自由劇場と文芸協会の体質の問題に引き継がれてゆく。

さて、自由劇場旗挙げに湧いた（あくまでインテリが）明治四二年だが、この年の二月、坪内逍遥の文芸協会は演劇研究所の設立を決定する。文芸協会自体は明治三九年に結成されていたが、研究会の色合いが濃く、演劇は試演にとどまっていた。それがいよいよ実演に舵を切ったのである。研究所は坪内逍遥が土地を提供し、五月に開場した。研究所に集まった男女は当然素人で、ここが女形を含めた歌舞伎俳優を擁する自由劇場との違いである。

文芸協会は明治四四年五月に帝国劇場で「ハムレット」を上演し、本格的な活動に入る。

自由劇場と文芸協会のふたつの流れは、やがて「新劇」と呼ばれる大きな流れへと発展するのだが、「玄人を素人に」つまり歌舞伎役者の演技を改造することを目指した自由劇場と、「素人を玄人に」しようとした文芸協会は出発地点から交わらなかった。また、会員制で経営の心配のない自由劇場（のちには資金難に陥る）と、地方巡業をして糊口をしのがなければならなくなる文芸協会およびこれを継承する芸術座とでは体質が異なった。しかし共通点は、川上の誤った西洋演劇の紹介への反発と軽蔑が出発点にあることである。したがって、誤解を恐れずに言えば、川上が「新劇」を生んだということもできるのである。

ともあれ、明治四〇年代に時代の歯車は大きく動き始めた。そしてそのすべてに川上はなんらかのかたちでかかわっている。しかし、川上はいつの間にかこの動きの中心から外れていく。

帝国座

自由劇場の奇跡的成功の余韻を尻目に、川上音二郎の新劇場「帝国座」が大阪北浜に開場したのは明治四三（一九一〇）年二月のことだった。建築の認可がおりてからすでに三年が経過していた。この間に川上は四度目の洋行をすませ、帰国後は「川上革新興行」を試みた。帝国座開場前年の明治四二年秋からは俳優として舞台に復帰するなど、八面六臂の活躍を見せる。すべては帝国座建設のためである。

完成した劇場は総坪数四五〇、パリの劇場を模したといわれる鉄骨石材による洋風建築で、収容定員は一二〇〇名と報じられた。ただし当初は一階一五〇〇、二階三階一〇〇〇の計画だったという。パリのオペラ座やコメディ・フランセーズの客席数は約二〇〇〇である。明治二九年開場の川上座が一〇〇〇そこその客席数で苦労したことを考えると、一二〇〇は厳しい。たとえ連日満員であっても収益は限られている。まして入場料を極力安価にしようという川上である。収益が片端から借金返済にまわるのは目に見えていた。一説に帝国座の建築費用は二五万円とされる。北浜銀行頭取の岩下清周らが資金を提供した。むろん出資者は応分の見返りを期待していた。

贅を尽くしただけあって、帝国座の舞台には様々な工夫がなされていた。西洋風に舞台を奥深く造り、背景の書割を上下左右に移動することで迅速な場面転換を可能にする装置を置いた。すべて電気仕掛けである。照明設備も整っている。木造ではないので俳優の声もよく響く。ただし設備が最新のものになればなるほど、ほかの劇場で同じ演目を上演した場合勝手が違ってくる。しかし負債を抱えた川上は帝国座に立てこもるわけにもいかず、東京はじめ各地を巡演せざるを得ない。

観客は木戸口から土足のまま客席に入ることができた。一階席は後ろにいくほど高くなるよう傾斜を設けた。これは現在では普通だが、「平場」（あるいは「平土間」）は文字通りフラットだったのだ。客席はすべて椅子席だが、腰かけても膝を折って正座をしてもよいように幅広に造られたという。岸田国士《くにお》の秀作戯曲「紙風船」には、汽車の椅子席に正座する慣習が残っていたことを示すセリフがある。「紙風船」が発表されたのは、かなりあとの大正一四（一九二五）年なのだ。なお、帝国座の調度品にはフランスから輸入したものもあるという。運動場《うんどうば》のほかに食堂室や喫煙室が設けられた。

大阪・帝国座正面全景

開演はベルで知らせた。歌舞伎では拍子木を打つ「柝《き》」によって知らせる。俳優が楽屋に揃ったとき、化粧など出演の準備をするタイミング、開演直前などに、柝をチョーン、チョーンと二度打つ。開幕・閉幕では連打する。柝の音は楽屋にも客席にも響き渡るので、これはこれで効率的な合図だった。ただし柝は本来、木と紙でできた劇場のものである。
帝国座の開場式は二月二七日と二八日の両日に行われた。各界の名士に加え、京都・大阪の俳優・浄瑠璃太夫・落語家、それに花柳界関係者が招待された。中村鴈治郎や曽呂利新左衛門の顔も見える。演目は舞踊劇「岩戸開」と、前年に本郷座で未曽有の大入りを記録した「ボンドマン」である。本公演は翌三月一日より行われた。

大阪・帝国座内観覧席

先に述べたように、一座は「ボンドマン」を持って四月に京都・明治座、神戸・大黒座を巡り、五月に大阪・帝国座に帰って来た。五月七日より「巴里の仇討」「児島高徳」「喜劇　成功疑ひなし」を出す。「巴里の仇討」は小デュマ作・松居松葉翻案である。稽古を始めたのが直前の四月三〇日だったうえに、例によって大道具の準備に手間取ったため、初日が三日から七日に延びた。今回の大道具は「帝国座以外の舞台では使用の出来ない新式で電気仕掛を以て室内の場が自然と野外の場に変化する」(『大阪毎日新聞』五月一日)仕掛けだという。ますます巡業が難しくなる。

ところで俳優をやめてプロデューサーに専念するはずの川上は、「ボンドマン」以来引き続いて舞台に立ち続けていた。六月一四日から帝国座で「八十日間世界一周」を改作した「世界一周」を上演する。全一五場を四時間以内で上演した(初演は八幕である)。その後「巴里の仇討」「成功疑ひなし」などを持って名古屋・岐阜・金沢と巡り、一〇月には再び帝国座で「新国王」と「恋人形」、一一月にはやはり帝国座で「海賊」「星世界探検」を出すなど、川上は休む間もなく働いた。

しかし収益は借金返済に充てられたため、俳優にも裏方にもろくに給料が払えない状況であった。入場料を相場の半額程度に抑えていたので、収益は思うように上がらない。

「巴里の仇討」のとき、川上は不遇をかこっていた深沢恒造を出演させることにした。しかしギャラが極端に低いのに憤慨した深沢は金を突き返して去った。深沢はその後、新派の本拠地ともいえる東京・本郷座に高田実・伊井蓉峰・喜多村緑郎らを訪れて助けを求めた。川上からは深沢を使わないようにと電報が来ていたが、喜多村がそういう川上の態度に激怒した。深沢は大きな体を曲げて喜多村の前に額《ぬか》ずき感謝の意を表したので、無事本郷座に出演できることとなった。意地の張り合いといえばそれまでだが、川上は深沢のごときつまらない俳優にギャラも払えないほど逼迫していたのだといえる。

このあと川上一座は「巴里の仇討」「成功疑ひなし」、それに「ボンドマン」という豪華演目を持って故郷博多に乗り込む。

明治四三年、四四年博多

川上音二郎一座は明治四三（一九一〇）年一一月、博多座のこけら落とし興行に出た。博多・東公園に開場した博多座は、明治四〇年に退転した教楽社の廃材を使用して建てたものである。外見は洋館造り、しかし中身は木造の日本式である。内実はそうなのだが、博多座は福岡・博多の壮大な都市計画の一部だった。これについて簡単に触れておく。

都市計画の中心人物、というよりひとりでリードした人物は渡辺与八郎である。慶応二（一八六六）年、紙与呉服店の跡取りとして生まれた。弱冠二三歳で家業を継いだが、その進取の気性は、武蔵温泉（現・

二日市温泉）や東中洲の開発、博多港湾整備、箱崎水族館など、家業を大きく逸脱して発展してゆく。とりわけ、九州大学誘致、柳町遊廓移転、博多電気軌道の敷設は、渡辺の事業の白眉であった。

明治三六年、京都帝国大学医科大学（現・京都大学医学部）の分校として同大学福岡医科大学（現・九州大学医学部）が開校する。のちに「九州大学」に発展する医科大学の誘致は、最初から福岡に決まったわけではなかった。有力な候補地として熊本や長崎の名も挙がっている。激しい誘致合戦の結果、医科大学は福岡に落ちつき、ほかの学部も次々と福岡に設置されることとなる。九州大学がなければ福岡・博多は九州の中心都市にはならなかったかもしれない。

その医科大学誘致のために私財五〇〇〇円を寄付したのが渡辺与八郎である。

医科大学に続いて明治四四年に工科大学（現・九州大学工学部）の誘致が決定した。しかし予定地には江戸時代以来の遊廓・柳町が隣接している。これは教育上よろしくないので柳町移転問題が浮上する。渡辺与八郎はそれを先読みしていた。自ら所有する住吉村（現・福岡市中央区清川近辺）の土地四七〇〇坪を遊廓の移転先に提供した。そして明治四三年のうちに、遊廓の顔役・池見辰次郎を取り込んで、柳町から住吉の新柳町への完全移転を見事成功させてしまう。

次は鉄道計画である。明治四三年三月、渡辺与八郎は「博多電気軌道」という会社を設立し、福岡の中心である天神（現・西鉄福岡［天神］駅周辺）から新柳町を経て、博多駅（現在の博多駅よりやや北西にあった）、そして工科大学へと東に延びる鉄道を構想した。鉄道によって自らが開発した地域をつなごうという目論見だ。博多駅と工科大学の間には東公園があったが、ひどく寂れていた。しかし鉄道が通れば、この公園は一大行楽地になる。そう読んだ渡辺は、東公園にパノラマ館はじめ様々な娯楽施設を誘致し、劇場・博多座を建設する。
ところで博多の劇場には特有の名称があり、それぞれの時代を画している。すなわち教楽社・永楽社の「社」の時代（明治初年から明治三〇年代中頃）、明治座・寿座の「座」の時代（明治末まで）、九州劇場・大博《たいはく》劇場の「劇場」の時代（大正期以降）である。そして博多座の構想は、「座」の時代の最後にありながら、都市計画と相まって次の「劇場」の時代の到来を予見していた。ただし渡辺与八郎自身は、翌明治四四年一〇月に奇病「ワイルス病」にかかり急死する。博多座まで鉄道は通らなかった。マッチポンプのような手法で事業を拡げた渡辺は、しかし死後尊敬されたとみえて、その名を福岡の中心地「渡辺通」に残す。

博多座（長副博之氏提供）

余談だが、渡辺与八郎の博多電気軌道とは別に、福博電気軌道という鉄道が東西に走っている。貞奴の晩年のパートナーである福沢桃介が経営者のひとりである。

さて、博多座の開場式は明治四三年一一月二二日に行われた。そして翌二三日より川上一座によるこけら落とし興行が行われる。演目は「巴里の仇討」「新道成寺」「成功疑ひなし」である。「巴里の仇討」で、川上は双子に扮して早替りをした。川上は次のようにインタヴューに答えている。

「巴里の仇討」

電灯の加減が大阪帝国座の時のやうに圧搾機がないので、矢張り普通の暗転同様パッと一時に明暗に変ずるから興味が少いのです、博多座も欲をいへば舞台の天井が低いやうです。

（『福岡日日新聞』一一月二一日）

「圧搾機」というのは例の「川上式暗転電機」のことか、あるいはフェードイン・フェードアウトをする調光器という意味か、さだかでない。ともあれ地方の記事を読むと、逆に帝国座の先進的な舞台機構が想像できるのである。

一座の村田正雄も博多座と帝国座の舞台機構を比較して次のように言う。

〔博多座は〕忌憚なくお話しすれば舞台の後ろが非常に差し逼って居ますので、一丈二尺の大道具になると廻す事が出来ません、尤も新派の大道具など使う考えはなかったのでしょう、然し場外に空地が沢山ありますから改築すれば何でもありますまい、望みを言えば舞台の天井の低い事です、大阪帝国座は、万事理想的大道具を拵えたまま天井に釣上げますから五分間を要せずして間に合うのです、要之《つまり》少《すこし》は〈ママ〉労力と時間とで舞台が出来ます。

（『同前紙』同日）

博多座の舞台の狭いことと、天井の低いことが指摘されている。要するに劇場というのは観客の目の届かない部分（舞台奥や舞台袖）に十分なスペースのあることが重要なのだが、地方の劇場はみな歌舞伎の寸法で造られている。誰も大道具を上方に飛ばすことなど考えなかったのだ。

なお、博多座でも教楽社に引き続き、川上が全幅の信頼を置く前崎正五郎が大道具方をつとめている。二三日に初日を開けた公演は、二六・二七日には大入り札止めとなった。

一一月二八日よりは二の替り「ボンドマン」を出した。二番目は引き続き「成功疑ひなし」である。「ボンドマン」に関しても、地方の新聞記事には中央の新聞では得られないコメントが見られる。少し長いが引用する。

〔ボンドマンの〕作者は英国に於て小説家としても俗受け専門の脚本家なれば「人質《ボンドマン》」も近世的の意味ある者にあらず、寧ろ浄瑠璃劇即ち歌舞伎臭ありて新しき味わいなく、所謂第二種脚本として現時の日本新派俳優の演ずるに恰好の劇なれば、松居松葉氏の手に翻案せられたる者なり。〔略〕日本にては最初大阪の某〔小織桂一郎・福井茂兵衛一座、明治四〇年〕が「浪よ嵐よ」と題して上場した由なるが、博多座の「人質《ボンドマン》」を見れば余り会話を省略し居る故、筋の通り兼ねる事夥しく、折角の俗受専門劇が充分観客の納得するに至らざるは一考を要す。川上は曰《い》う、これを筋の通る様に演ずれば殆ど二倍の時間を要すと。それにしても目先許り変りて事件の発展が一足飛びとなり、舞台に落付きなきに至れば俳優の熱心は骨折損となるべし。

（『福岡日日新聞』一二月一日）

明治四二年一一月の本郷座初演では警官隊までが出動する騒ぎだった「ボンドマン」だが、博多座からはその熱狂は伝わってこない。むしろ小説種の「ボンドマン」の戯曲構造上の欠陥を指摘する記者の見識が光る。記者は竹田秋楼、のちに『博多物語』『日本南国物語』などの郷土史を著した。こうした厳しい評価にもかかわらず、一二月二日の千秋楽は希有の大入りだったそうだ。一座はその後、門司・凱旋座に移った。

明治四四年博多、そして死

川上音二郎一座は、明治四三（一九一〇）年一一月から一二月に博多座と門司・凱旋座を巡業したあと、翌年一月に東京・本郷座で田口掬汀作「天風組」を出す。伊井蓉峰をも加えた新派合同一座である。二月、大阪・帝国座に帰り、小デュマ作・田口掬汀翻案「椿姫」と松居松葉翻案「役者ぎらひ」を出した。

このあと、二月中旬から七月初旬までの川上一座の足どりはさだかでない。

その間の三月一日、東京丸の内に帝国劇場が開場した。総坪数二三〇〇、建坪一〇二〇というから、総坪数四五〇の帝国座よりはるかに大きい。鉄骨鉄筋の洋風建築で、地上四階、地下一階の五階建てである。

客席は四階の一部以外すべて椅子席で収容定員は一七〇〇名だった。茶屋出方制度の廃止、祝儀心付の類一切無用が売り物だった。まるで川上をそっくり真似たような制度改革だが、そこに川上はいない。代表取締役には渋沢栄一が就任し、重役は大倉喜八郎・福沢桃介・益田太郎など財界の有力者で占められた。明治一九年の演劇改良会をリードした末松謙澄《けんちょう》が文芸顧問になった。六代目尾上梅幸・市川高麗蔵（のちの七代目松本幸四郎）などが専属となり、貞奴が育てた森律子や村田嘉久子ら女優養成所の卒業生も専属となった。

そして五月、この帝国劇場において坪内逍遥率いる文芸協会の第一回公演「ハムレット」の完全上演が行われる。翻案ではなく逍遥による翻訳で、ハムレットには川上の洋行に付き添った土肥春曙《どひしゅんしょ》が、オフィーリアには松井須磨子が扮した。「To be, or not to be」の独白はそのまま演じられた。

実はこの間、つまり五月から六月初めの約一ヶ月間、川上一座は台湾巡業を敢行していたことが井上理恵の調査によってわかっている（『川上音二郎と貞奴　明治の演劇はじまる』）。

なぜ川上は台湾になど行ったのだろうか。持病の盲腸炎はいつ再発してもおかしくはない。敢えて異国の地を踏んで自らを危険にさらす必要はないのだ。

台湾がマーケットとしてうまみがあるとも思われない。むろん台湾に渡った俳優は少なくない。日清戦争後、日本統治下となった台湾には、一八九七（明治三〇）年頃から台北を中心に歌舞伎俳優を受け容れるための劇場が建ち始める（日置貴之）。しかし台湾は場末・辺地だと考えられており、一流の俳優の来演はない。大正に入って三代目竹本大隅太夫が巡演したのが数少ない大物の例だろう。大隅太夫は台湾で急死している。

川上を招聘したのは台湾の興行師・高松同仁社主だという。川上一座は総勢七二名という大所帯で、決して物見遊山ではない。本興行さながらに「椿姫」「ボンドマン」などを持って約一ヶ月の巡業を行った。川上は本気で巡業ルートの拡充を目論んでいたようだ。

そしてこの旅先で、川上はまたもや倒れる。温泉でしばらく治療をしたというが、そこそこに切り上げてあわただしく帰国し、次回作の準備に入った。

明治四四年七月一日より大阪・帝国座にて「生蕃討伐」の初日が開いた。

「生蕃討伐」は、いわば台湾土産である。といっても日清戦争ばりのスペクタクルではなく、比較的静かな活劇に仕上がっている。

川上一座はその後、名古屋・御園座を経て、九月八日から一八日まで、博多・明治座で興行する。このときの新聞記事の方が帝国座のそれより多くの情報を提供していると思われるので、博多の情報によって「生蕃討伐」を考えてみる。

「生蕃討伐」は、元芸妓でいまは龍造寺大尉（中野信近）夫人となっている秀子（貞奴）が悪人に翻弄される様と、龍造寺の嫉妬と奸計により台湾の生蕃討伐を命じられた篠崎少尉（川上）との邂逅《かいこう》を描いている。川上は「日本の領土で現在ありつつある事をそのままに通俗な劇に仕組んで、報告的に見せる」のだという。記者は次のように書く。

十年前癇癪玉を投げ合った戦争芝居を進歩した背景と進歩した道具で舞台に上《のぼ》するので、在来のお家騒動の財産争いや、歯の浮くような恋愛でなければ夜の明けぬ新派に、元禄模様を復活させたのだ。

（『福岡日日新聞』九月一〇日）

たしかに本作は「在来のお家騒動の財産争いや、歯の浮くような恋愛でなければ夜の明けぬ新派」へのアンチテーゼではあった。しかし「元禄模様を復活させた」のではない。つまりかつての日清戦争劇のような植民地主義の演劇でも戦争演劇でもない。単に征服者の視点だけでなく、被征服者へのまなざしも忘れてはいない。「生蕃討伐」はまさに台湾でじかに触れた感触を舞台にかけたものだったのである。

日清戦争劇で多用された戦闘場面も少ない。そもそも川上は、少し前から舞台上で銃やピストルの使用を避けるようになっていた。女性や子どもの観客が銃声を怖がるからである。それだけ観客層が多岐にわたってきたということだ。

なお劇中、川上扮する篠崎少尉が危機に瀕したとき、貞奴の秀子が本物の馬に乗って駆けつける場面がある。昔、馬で遠乗りをして危ない目にあったところを、岩崎桃介（のちの福沢桃介）に救われたエピソードを想起させる。

この博多・明治座が川上にとって最後の地方巡業となった。

博多を打ち揚げたあと、川上は大阪に戻り、次回作であるイプセン作「人民の敵」の準備にとりかかった。川上もようやくイプセンにたどり着いたのだ。「人民の敵」は、観光地の温泉に有害なバクテリアを発見した医師と、それを隠蔽しようとする勢力の葛藤を描く。最終的に医師は「人民の敵」として糾弾され敗れる。いわば環境問題・公害問題を先取りしたもので、イプセンの作品中最もテーマ性の強いものだろう。一〇月一三日から一五日までが招待公演、一般興行の初日は一七日と決まった。

川上音二郎葬儀（明治44年11月）

そしてその準備中に、川上は倒れる。

持病の盲腸炎はかなり前から悪化していた。にもかかわらず無理をしたために、腹膜炎から腹水病に至った。一〇月二四日、病院で開腹手術を受けると、バケツ一杯ほどの水が出たという。その後一旦は快方に向かうが、一一月三日頃より危篤状態となる。五日には脳膜炎を起こして意識朦朧状態に陥った。早まった新聞が死去の報を伝える。

一一日未明、川上は意識不明のまま帝国座の舞台に移された。貞奴が川上に数珠を握らせた。川上が肌身放さず持っていた数珠である。川上は数珠を手渡されると目を開き、数珠を二三度振るとなにか指図するような素振りを見せて少し笑った。そして親族・一門の見守るなか、息をひきとった。数え年四八歳であった。

文久四（一八六四）年一月一日に生まれ、明治四四（一九一一）年一一月一一日に亡くなる、ゾロ目に始まりゾロ目に終わる人生だった。

訃報を知った全国の新派俳優が馳せ参じ、一八日、大阪で全新派葬が行われた。葬儀は天王寺に近い一心寺で行われたが、群衆は柩の出る北浜の帝国座から一心寺まで、御堂筋を埋め尽くした。翌一九日、遺体は貸し切り列車で博多に運ばれ、二二日に万行寺で葬儀が行われた。川上は土葬を希望していたので、万行寺には場所がなく、承天寺に葬られることになる。ちなみに現在の巨大な墓石は大正になって建てられたものである。

博多行きは、最後に故郷の地を踏みたいという川上の意思であるような気がしてならない。前年末にも、博多と門司だけで興行し、そのまま東京に飛んでいるから、博多には特別な思いがあったに違いない。最後に博多に来演した際、川上は一万余円をかけて氏神・櫛田《くしだ》神社の境内に二階建ての家を建てて神社に寄附した。二階は川上夫婦が使うが、一階は店家に貸し出して家賃を家の修復に使うと言った。また博多・明治座の初日の入場券数千枚を筥崎宮・香椎宮・太宰府天満宮・博多孤児院に四等分して送った。川上は、もうこれで思い置くことがないとばかりに喜んでいたという。

承天寺にある川上の墓石（著者撮影）

川上の死後、新派は存亡の危機に陥る。第一の原因は演じるべき台本の研究を怠ったことである。貞奴は川上の遺志を継いで洋行して勉強し直し、再出発する

双葉館（著者撮影）

ことを期したが、ついに果たせなかった。帝国座は四〇万円もの負債を抱え、大正五年（一九一六）に人手に渡った。貞奴は歌舞伎や新派、誰とでも共演しながらふんばったが、大正六年に引退した。若い頃、ままごとのような恋をした福沢桃介と結ばれ、名古屋に住む。「二葉御殿」こと二葉館は、移築されて名古屋市東区白壁にいまも残っている。貞奴は昭和二一（一九四六）年まで生きた。川上没後の貞奴については山口玲子に行き届いた評伝『女優貞奴』がある。

いわゆる「新劇」のその後についても記しておく。

明治四二年に「ジョン・ガブリエル・ボルクマン」でインテリ層の熱狂的人気を集めた自由劇場は、その後ヴェデキント、チェーホフ、ゴーリキー、メーテルリンク、ハウプトマンなど北欧・ドイツ・ロシア系の最先端の近代劇を上演する。ただし自由劇場はあくまで二代目左団次の劇団だった。左団次が明治座を手放し、松竹専属になると公演が難しくなり、大正八年の第九回公演を最後に自然消滅する。自由劇場は大衆に媚びない急進的小劇場主義を標榜したが、それは頭でっかちの小山内薫の考えであって、内実は歌舞伎俳優である左団次の劇団に終始した。

一方、坪内逍遥の文芸協会は劇団の運営のために大劇場に上演の場を求め、集客のためにある程度の通俗性を確保しなければならなかった。大正元年に上山草人《かみやまそうじん》と妻の山川浦路が脱退して近代劇協会を設立してからは、文芸協会は憑依型女優・松井須磨子の天下となる。大正二年、島村抱月《ほうげつ》と松井須磨子の恋愛が発覚し、文芸協会は解散する。抱月と須磨子は芸術座を結成して活動を続けた。しかし須磨子の横暴に憤慨した沢田正二郎などが脱退（のちに「新国劇」を旗揚げする）、残されたメンバーは「復活」で全国を回る。原作では一回しか歌われなかった挿入歌を四回に増やした「カチューシャの唄」は、近代歌謡史に残るヒットとなった。これを契機に芸術座は大衆路線に大きく舵を切り、地方に展開する。大正七年、松竹の力を得て円滑な巡業が望めると思われた矢先、抱月がスペイン風邪で急死する。須磨子もあとを追い縊死。芸術座は幕を閉じた。

自由劇場と文芸協会および芸術座は、ねじれた関係のまま歩み寄ることがなかった。のみならず小山内薫の信奉者は逍遥・抱月の「新劇」運動すら演劇史から忘れ去った。ましてや、彼らにとって種まく人であった川上音二郎の存在などなかったことにしたのである。「ジョン・ガブリエル・ボルクマン」の奇跡的成功がなかったならなどと、いまさら言うのもくだである。しかし断言できるのは、川上音二郎の二十余年にわたる演劇活動は、奇跡ではなかったということである。歴史は熟れた果実が落ちるようには動かない。川上のような選ばれた人間が強固な意志によって切り拓くものである。川上音二郎こそが「新劇」の祖であり、日本の近現代演劇の祖である。

川上音二郎年譜

文久4年 1864	1月、川上音二郎、九州博多中対馬小路に生まれる
明治4年 1871	7月18日、貞（後の貞奴）、東京市日本橋区本両替町に生まれる
明治10年 1877	この頃、博多を出奔する
明治13年 1880	4月、「集会条例」発布
明治14年 1881	11月、大阪で立憲政党結成（「近畿自由党」を改称、自由党の別働隊） この年川上、博多で巡査になるか
明治15年 1882	2月、「劇場取締規則」発布 3月、福地源一郎ら、立憲帝政党結成 6月、「集会条例」追加・改正 7月18・19日、川上、「立志社」設立と「立志雑誌」発刊の広告および同志募集。堤喜一郎と連名で発起総代人となる（管見の限りでは最初の川上の記録） 11月11・12日、甲田良造・原猪作・川上音二郎、桑名にて政談演説会 11月15日、川上音二郎、名古屋大須・花笑亭にて政談演説会に出る。「集会条例」違反にて中止を命じられる
明治16年 1883	1月25日、京都新京極・道場芝居にて政談演説会。10分ほど演説したのち自ら閉会をつげる 2月1日、滋賀県大津・四の宮劇場にて政談演説会。弁士6、7名のうち5名が来られなくなったと挨拶。前口上の時点で警察を侮辱し中止解散。大津警察署へ拘引 2月2日、1年間滋賀県管内で政治を講談論議することを禁じられる

明治16年 1883	2月3日、「滑稽演説会」と称し、大津四の宮劇場で開催。6日、滑稽演説の休息中、数十人の男に拘引される 2月27日、大津・四の宮劇場、「学術演説会」を「政談」と認定され、軽禁錮15日と罰金5円に処せられる 3月15日、立憲政党、解党決議 5月、俄に上演出願が必要となる 7月4日、京都・北側劇場、「大相撲演説会」。川上・堤喜一郎出演 7月7日、京都・南側劇場（現・南座）、政談演説会。第5番目に「自由童子」川上音二郎と名乗って登壇。8日、「一ツトセ節」を歌い中止解散を命ぜられる 8月1-7日、大津・四の宮劇場で昔噺「南海自由の旗揚げ」 8月9日、京都・北側劇場に出演 9月13日、1年間全国内で政治を講談論議することを禁止される
明治17年 1884	9月1・2日、京都・道場芝居、「仏教演説会」開催 9月17日、京都・道場芝居、「学術演説会」開催。「詐欺の演説者」という記事に関し、『京都滋賀新報』を名誉毀損で訴える 9月21日、川上、京都市中に「日本無法無政党討論会」の貼り紙 10月29日、自由党、解党大会 11月、神戸・大黒座、仏教演説会を開く。このとき「岡本栄二」と本名を詐称する
明治18年 1885	1月27日、京都において1年間政治を講談論議することを禁止される 2月10日、全国における1年間の活動を禁止される 3月12日、講釈師「自由亭雪梅」として、遊芸人の鑑札を受ける。 6月、京都・千本座、官吏侮辱の罪で7ヶ月の重禁錮に処せられる。京都監獄に入獄 6月16日、明治17年11月の仏教演説会において「岡本栄二」を名乗った件で、氏名詐称で罰金10円に処せられる。本名は川上音吉 6月、京都・千本座、官吏侮辱の罪で7ヶ月の重禁錮に処せられる。京都監獄に入獄 11月、大阪事件発覚。大井憲太郎・影山英子らが投獄される

明治19年 1886	1月12日、京都監獄より出獄。これより「六出居士」と改称する 2月、大阪・沢ノ席にて「監獄土産盗賊秘密大演説会」 5月2日、京都新京極・福の家席で演説、それから笑福亭にて落語家「浮世亭」に早替わり 5月、コレラ流行、劇場、寄席は興行停止。京都・大阪は諸興行停止。11月末に興行停止解除 8月、東京、「演劇改良会」の趣意書、各新聞紙に掲載 9月25日、「大阪演劇改良会」設立相談会。府会議員・扇谷五兵衛、新聞記者、中村宗十郎・雀右衛門など。 　10月9日の第2回会合を最後に自然消滅 11月19日、川上、大阪・新町座にて宗教演説「耶蘇教に神なし、仏教に仏なし」 11月24日、宗教演説が政談に及んだという理由で大阪軽罪裁判所に送検、「集会条例」違反で軽禁錮20日の刑 12月25・26日、大阪南区日本橋北で川上出獄演説会
明治20年 1887	1月6日、大阪日本橋・沢ノ席にて「二〇加改良会」。「作者兼出席　川上音次郎／外二〇カ龍玉一座」（広告） 1月13日、京都・坂井座にて「国事犯嫌疑者事件」の一幕を加えるとの記事出る 1月中旬ヵ－23日、大阪北新地裏町・〇よし席、「二輪加狂言」 1月30・31日、京都・坂井座、「演劇改良大演説」（自由童子　川上音二郎）。川上、俳優宣言 2月3－21日、京都・坂井座、中村駒之助一座「華魁莟八総《はなのあにつほみのやつふさ》」（「里見八犬伝」）に井ノ丹次役で出演。9日 　より「南洋嫁島月」にも出演 3月15日、大阪座摩神社境内・ニワカ定席、「新奇珍作改良ニ〇カ」 3月17日、大阪千日前・神崎席、「改良民権ニ〇カ」（作者兼出席　川上音二郎君） 3月20日、大阪御霊社内・尾野俄定席、「改良ニ〇カ」 4月1日より12日間、堺・卯の日座、「新奇妙作　改良ニ〇カ」（作者兼出席　川上音二郎君） 4月16日－末ヵ、神戸楠公社内・戎座、「新奇妙作　改良ニ〇カ　大坂上等ニ〇カ一座」（作者兼ル　川上音 　二郎氏出勤） 5月、神戸楠公社内・戎座、若手歌舞伎俳優と改良演劇ヵ。「西洋美談　斎武義士自由の旗揚」または「日本 魂自由旗色」

明治20年 1887	6月、大阪・角座、改良ニワカ師として政談演説会に出る 12月25日、「保安条例」即日施行
明治21年 1888	1月、演説者に寄席・劇場の貸与禁止 2月24日、曽呂利新左衛門の弟子になり「浮世亭○○」を名乗る 3月1日、大阪大工町の寄席、軍談師村井吉蔵・常磐津語り金之助の一座に加わる 5月、京都・笑福亭、「改良噺」。13日、客をなぐって拘引される 6月13日、出獄。21日より1週間、貧民1000名に白米5合ずつ施与する。また、「鉄窓手枕の考へ」という軍歌様の一枚刷りを配る。「出版条例」違犯にて取調べ 9月7日、博多到着 9月11－15日、博多・教楽社。11日、「川上音二郎」として政談演説会「時機の来りしを知るか」「時世の変遷」「政治上直接の関係」。12日、昼・仏教演説会「真誠の仏道」、夜・滑稽演説会「時世の変遷」「租税論」。13日、「浮世亭○○」として人情噺「鉄窓手枕の考へ」（改良落語） 10月30日－11月、岡山、鳥取などで浮世亭○○として改良落語 12月4日、大阪・新町座、岡山県出身壮士・角藤定憲、壮士芝居の旗揚げ興行。「耐忍之書生貞操佳人」「勤王美談上野の曙」 12月28日、「脚本楽譜条例」公布
明治22年 1889	2月、「大日本帝国憲法」公布。「大阪事件」に関わった大井憲太郎・景山英子らが大赦により出獄 2月22日、自由党懇親会。川上出席する。一説にこのとき初めて「オッペケペー節」を披露 3月、岡山・常盤座。川上、影山英子の前で「美人一滴の血涙」という芝居をする 5月29日、博多・開明舎、浮世亭○○として改良落語「自由壮士の行末」 6月18日、川上の「滑稽演劇一座」が俳優募集。大阪千日前・井筒席で人情話「大阪浮浪壮士の血涙」、姉子席に移り「二十年大阪国事犯事件の顛末」大序より大切まで七幕 9月17日、高松片原町・延寿閣、青柳捨三郎、「曽呂利新平」を名乗る。臨監の警官を侮辱して拘引 10月、広島にて「書生演劇旗揚げ」（藤沢浅二郎談） 12月5日、川上音二郎が歌う「オッペケペー節」、一枚刷出版が許可

明治23年 1890	1月、京都新京極・笑福亭、「時世情談」「オッペケペ」 1月下旬、兵庫・弁天座、「滑稽演劇」2月、「佐倉宗吾」 2月19日－、名古屋・橘座、「滑稽演劇」 3月14日以前、名古屋橋詰町・笑福座、「滑稽演劇オッペケペイ」 3月14日、京都・笑福亭、「諸芸大寄」。川上は人情噺をする。三遊亭円喬の「オッペケペー踊り」 3月下旬、大阪・料亭共楽館開館式。桂藤兵衛が新作「オッペケペー節」 4月1日、京都・笑福亭、「諸芸大寄」と掛け持ちで福井座に出勤。滑稽芝居「明治二十年国事犯事件顚末」「書生の胆力」（川上音二郎・若宮万次郎・青柳捨三郎） 4月9・10日、京都・笑福亭、「滑稽討論会」（川上・若宮・青柳） 4月13日、京都・福井座、「改良二輪加」 4月15－17日、京都・笑福亭、「滑稽討論会」（川上・若宮・青柳・円喬） 5月1日－、京都・笑福亭、「改良二輪加」（自由童子） 6月7・8・11・12日、京都・南側劇場、政談演説（川上・青柳・若宮） 7月11日、落語《はなし》、川上は眼軒舎○○と名乗り登場。曽呂利らも参加 8月、「劇場取締規則」改定。官許の劇場は「大劇場」に、道化踊の興行場は「小劇場」と定められる 8月24日、横浜・蔦座、「明治二十年国事犯事件顚末」「松田道之名誉裁判《ほまれのさいばん》」「道理世界書生丹心《しょせいのまごころ》」「奥州安達原」三段目、「オッペケペー節」 9月11－30日、東京芝・開盛座、「明治二十年国事犯事件顚末」、若宮万次郎演説、道外茶番「奥州安達原」三段目切。13日、検閲台本と演技が違うため興行停止、23日再開 11月7日－、水戸・常盤座、若宮万次郎、舞台にて警官と争い収監される
明治24年 1891	1月1日、京都新京極・笑福亭、「五大洲演芸会」に出勤 2月5－11日、堺・卯の日座、改良演劇（書生芝居）の一座旗揚げ。一番目「経国美談　斎武義士自由の旗挙げ」、二番目「板垣君遭難実記」。川上音二郎・金泉丑太郎・青柳捨三郎・藤沢浅二郎。嵐璃車（のち岩田庄之助）・市川升十郎の息子升三郎とその弟升之助・森三吉 2月23日、若宮万次郎、水戸監獄より出獄

明治24年
1891

2月26日－3月15日、横浜・蔦座、書生芝居「経国美談」「オッペケペー節」。6日、若宮万次郎のセリフに治安に妨害ありとして壮士芝居中止となる。「経国美談」は興行停止、「板垣君遭難実記」に差し替え
3月21－25日、小田原・桐座、「板垣退助岐阜遭難実記」大入りになるが25日中止となる
3月27－30日、二の替り「大井憲太郎氏国事犯顛末」「オッペケペー節」
4月2・3日、小田原・鶴座、「西郷隆盛誉勢力」「島田一郎五月雨日記」。3日中止となる。4日－「経国美談」「蜃気楼将来の日本」「五大洲」。5日「五大洲」取り止め、「山田亀二郎」に替わる。7日、上演中観客と乱闘、川上と青柳捨三郎が警察に拘留される
4月18日、川上の両親、証人として呼ばれる
4月21日、川上無罪のところ、検事の控訴により川上は横浜に送られる
4月29日、川上出獄。この間、東京・中村座での興行の話が進む
5月18－21日、横須賀・立花座、「大井憲太郎事件」。22－24日、「板垣君遭難実記」「存廃論」。24日中止。27日、「蜃気楼」「経国美談」「蓮生坊」
6月20日、東京・中村座「板垣君遭難実記」他
7月14日、若宮万次郎、一座から離脱
7月16日－、東京・中村座、「島田一郎五月雨日記」「経国美談」。「島田一郎」は上演許可されず
7月31日－8月14日、東京・中村座、「拾遺後日連枝楠」（依田学海作）、「希臘歴史経国美談」
7月、「川上一座の制法」発表
8月ヵ、東京・吾妻座、吉原楼主が金主となり、川上を除いた俳優で男女混合演劇計画
8月25日、川上、俳優募集。水野弘美・伊井蓉峰（その後脱退）ら川上一座に加入
9月22日－10月18日、東京・中村座、「佐賀暴動記」。楽屋に医師を入れる。この間、若宮万次郎と青柳捨三郎が離脱
10月19日、川上一座一時解散し、再組織する
10月21日－11月1日、群馬、宇都宮などを巡業
11月5日、東京・吾妻座（済美館）、「男女合同改良演劇」。「政党美談淑女之操」（依田学海作）、「豊臣太閤烈封冊」「名大瀧怨根短銃」「関の扉」。伊井蓉峰・千歳米坡出演（最初の女優）

明治24年 1891	11月－12月5日、仙台から福島を巡業 12月15－21日、横浜・蔦座、「佐賀暴動記」
明治25年 1892	1月14－31日、東京・鳥越座（中村座改め）、「平野次郎」。川上、奴と失踪。初日が14日に延びる 2月、「川上一座の憲法」発表 2月10・11日、東京・有楽館、「東京有楽館慈善演劇」 3月8－28日、東京・市村座、「鎖港攘夷後日譚」「備後三郎」「花宴団一座」。18日、松方正義首相・金子内閣書記官・末松謙澄・伊藤博文令嬢、川上一座を観る。「備後三郎」を「新演劇百種の内」と定める 4月5－13日、横浜・蔦座、「鎖港攘夷後日譚」「備後三郎」。17－26日、「阿蘇桜霞廼隈本」「星月夜東鑑」 5月10－28日、東京・市村座、「ダンナハイケナイワタシハテキズ」「悪禅師」 7月5－7日、京都・南座、「阿蘇桜霞廼隈本」「備後三郎」7日、音二郎の実父・専蔵が死去。5日間興行停止。12日、返り初日 8月1－16日、大阪・浪花座、「阿蘇桜霞廼隈本」「備後三郎」「監獄写真鏡」。8月20日－9月6日、「阿蘇桜霞廼隈本」「公暁禅師」 9月14日－10月10日、神戸・弁天座、「鎖港攘夷後日譚」「備後三郎」（藤沢浅二郎座長代理）。川上は病気のため休演 10月15－23日、京都・常盤座、「佐賀暴動記」「人命犯」「書生の犯罪」（藤沢浅二郎座長代理）。17日、「書生の犯罪」は政府の選挙干渉に触れたセリフで治安妨害、該当する場のみ上演中止。11月1－14日ヵ、京都・常盤座「臼井六郎」「佐賀暴動記」「芸娼在廃論」 11月22日－12月11日、東京・鳥越座、「書生の犯罪」「義経安宅関」 12月15－22日、横浜・蔦座、「書生の犯罪」「義経安宅関」
明治26年 1893	1月1日－、東京・鳥越座、「巨魁来」「矢口の神霊」（藤沢浅二郎座長代理）。川上失踪のため「除名」 1月3日、川上、神戸より渡仏 1月22日、鳥越座類焼 2月11日、川上、パリに着く

明治26年 1893	3月28日、市村座類焼 4月24日－、東京・吾妻座、「元禄紀聞平仮名草子」「福島中佐」（藤沢浅次郎座長代理） 4月30日、川上、突然帰国 6月12日、川上、博多に着く（亡父一周忌のため） 6月18－24日、博多・教楽社、「鎖港攘夷後日譚」「備後三郎」「東京土産」。28日－7月2日、返り初日「阿蘇桜霞求満本」「悪禅師」「福島中佐」 7月12日以降、馬関（下関）、広島などを巡業 8月24日－9月15日、神戸・大黒座、「熊本神風連」「徳川天一坊」「備後三郎」「江藤新平佐賀暴動記」「勤王美談生野義挙」 9月、川上、神田区綿町三丁目に川上演技場の新築に着手 9月19日－、京都・常盤座、「心経双本桜」「生野の旗揚」。10月14日－、「西海奇聞清濁」「矢口の神霊」（藤沢浅二郎座長代理） 10月30日－、名古屋・末広座、「心経双本桜」「勤王美談生野義挙」（藤沢浅二郎座長代理）。11月16日－、「西海奇聞清濁」「板垣君遭難実記」「神霊矢口渡」 10月、貞、芸者「奴」を廃業し、川上音二郎と事実上の夫婦となる（正式には明治27年） 11月、川上の演技場、神田綿町から同区三崎町に変更（大劇場として申請） 12月1日－、大阪・角座、「心経双本桜」「生野の旗揚」 12月9日、川上の劇場「川上座」着工 12月20日－、横須賀・春若座、「長崎強盗判事奇聞」「楠正成」
明治27年 1894	1月2－23日、東京・浅草座、「意外」「楠正成」 2月7－12日、小田原・桐座、「意外」 2月22日－3月23日、東京・浅草座、「又意外」 4月2日ヵ－5月5日、函館・池田座、「又意外」「意外」「備後三郎」「楠正成」 7月6日－8月3日、東京・浅草座、「又々意外」。汽車の大道具が動かず8日より再開演

明治27年 1894	8月21日、川上一座「日清戦争」の脚本が許可される 8月31日-10月7日、東京・浅草座、「日清戦争」 10月10-21日、横浜・湊座、「日清戦争」。この後川上は日清戦争実地見聞のため単身渡韓 10月27日ヵ-11月7日、名古屋・末広座、「日清戦争」（藤沢浅二郎座長代理）。11月10日-、「又意外」 11月21日、川上、韓国より帰京 12月3-23日、東京・市村座、「川上音二郎戦地見聞日記」 12月9日、東京市第一回祝捷大会にて皇太子殿下、川上演劇の「日清戦争」を観覧される
明治28年 1895	1月2-16日、横浜・湊座、「川上音二郎戦地見聞日記」 1月30日-2月24日、東京・市村座、「戦争余談明治四十二年」 3月3日、神田三崎町の川上座、上棟式 3月7-22日、名古屋・末広座、「川上音二郎戦地見聞日記」「楠正成」 3月25日-4月11日、若松・朝日座、「川上音二郎戦地見聞日記」「又意外」「楠正成」 4月15-25日、博多・教楽社、「又意外」「楠正成」「川上音二郎戦地見聞日記」 5月17日-6月9日、東京・歌舞伎座、「威海衛陥落」「因果燈籠」 7月1-10日、横浜・湊座、「戦争余談明治四十二年」 7月14日-、東京・歌舞伎座、「誤裁判」「大江山」 8月13日ヵ-9月30日、新潟・改良座、松本・開明座などを巡業。松本興行中、川上は渡米のため一時帰京 10月23日、東京・春木座、「盗賊世界」 12月4-19日、東京・浅草座、「滝の白糸」
明治29年 1896	1月初旬-、横浜・湊座、「滝の白糸」「盗賊世界」 2月27日-、東京・浅草座、「堀川夜討」「台湾鬼退治」 4月10日-5月、京都・常盤座、大阪・浪花座、「盗賊世界」「台湾鬼退治」。川上、大阪での興行中に急性胃腸カタルで入院 6月1日-、京都・常盤座、音二郎病気のため藤沢浅二郎座長代理

明治29年 1896	6月14日、川上座開場式 7月2－26日、東京・川上座、舞台開き興行、「日本娘」 9月22日－10月18日、東京・川上座、「瞽医者」「虚実心冷熱」 10月22日ヵ－11月8日、名古屋・末広座、「瞽医者」 11月14－28日、岐阜・国豊座、名古屋・末広座 12月1日－、大阪・浪花座、「瞽医者」
明治30年 1897	1月31日－3月3日、東京・川上座、「八十日間世界一周」 3月10日ヵ－4月10日、函館・巴座、仙台・仙台座などを巡業 4月27日、川上座の株式組織は「改良演劇株式会社」となる 5月21日－6月11日、東京・川上座、「鉄世界」 6月9日ヵ、川上座の株式募集は満株となる 6月15日－、横浜・蔦座、「八十日間世界一週」 7月中旬－8月上旬、名古屋・御園座、伊勢・長盛座、伊勢・相生座を巡業、「八十日間世界一週」 8月中旬、京都・常盤座。8月29日夜9時頃、川上暴行を受ける 9月、川上座、人手に渡る 9月中旬－10月、神戸・大黒座、「瞽医者」。このあと川上は博多に戻る。福岡から総選挙立候補の噂 10月27日－11月18日ヵ、東京・川上座、「義侠の犯罪」他 11月中旬、衆議院議員立候補のため大森に転籍する 12月1日－、横浜・蔦座、「義侠の犯罪」「台湾鬼退治」他
明治31年 1898	1月1－25日、東京・川上座、「膽才子」 3月15日、川上、衆議院選挙に落選 3月25日－4月12日、東京・市村座、「大起業」「金色夜叉」。川上、次回興行について市村座との間に紛糾が起き、暴行を受ける 4月25日－5月下旬、横浜・蔦座、「意外」「又意外」

明治31年 1898	6月25日〜、東京・浅草座、「唐撫子」「あにき」 7月14日〜、東京・川上座、「幻影」「衆議院」 8月10日、川上、衆議院議員に再び立候補。途中で断念。選挙は予定通り行われ、川上は得票数4票で落選 8月13日〜、東京・歌舞伎座、「又意外」「三恐悦」。「三恐悦」は不評のため上演中止 9月10日、川上、貞と姪のシゲ、犬のフクとともに長さ4メートルの短艇で大森海岸を出る 9月20日、シゲとフクを降ろし、川上は貞と二人で横須賀を出帆する 9月21日、下田港に到着。10日間滞在、演説をする 10月18日、焼津港を出発する 10月19日、御前崎に到着する 10月20・21日、川上、掛塚の漁師に救われ、掛塚で演説をする 11月8日、鳥羽港に到着する 12月6日、紀州大泊に到着する。その後浜島に逗留 12月27日、紀州由良港に到着する。年越しをする
明治32年 1899	1月2日、淡路洲本に到着する 1月6日、神戸港に到着する 1月下旬、神戸・相生座、「心外千万遼東半島」（川上は興行中に入院）、貞「道成寺」を踊る 2月、京都・南座、大阪・中座 4月30日、川上一座19名、神戸より渡米する 5月21日、川上一座、サンフランシスコに到着する 5月25日〜6月11日、サンフランシスコ・ジャーマンホール、「児島高徳」「楠正成」「道成寺」「台湾鬼退治」「鞘当」など 6月21日〜、サンフランシスコ・カリフォルニア座。4日目に代理人・光瀬耕作が収益を持ち逃げ 9月9日〜、シアトル・ジェファーソン座 9月15日〜、シアトル・シアトル座、「芸者と武士」

明治32年 1899	9月27日、タコマ着 9月29日－、ポートランド着。マーカムグランドオペラ座、ユー・オー・ダブリュー館 10月11日、シカゴ着 10月22日－、シカゴ・リリック座 12月3日、ボストン着 12月5日－、ボストン・トレモント座。初日にヘンリー・アーヴィングが観に来る 12月12日、丸山蔵人死去
明治33年 1900	1月24日、川上、アーヴィングの舞台を観る 1月25日、ボストン・ボストン座、川上「才六」を上演 1月29日、ワシントンに移動 1月30日、三上繁、ボストンで死亡 2月6・7日、ワシントン。小村寿太郎公使主催の夜会 2月8日、ニューヨーク着 3月1日－10日、ニューヨーク・バークレー・ライシアム座 3月12日－、ニューヨーク・ブロードウェイ・ビジョー座 5月8日、ロンドン着 5月22日－、ロンドン・コロネット座 6月27日、ウェールズ皇太子の上覧を得る 6月29日、パリ着。栗野慎一郎公使の夜会に出席 7月4日－10月15日、パリ・ロイ・フラー座 11月4日、ベルギーに移る。5日、フランス政府から三等勲章を受ける 11月、「劇場取締規則」改訂。劇場に対する「大小」の呼称の区別も廃止され、引幕の使用が認められる 12月27日、長崎に到着する

明治34年 1901	1月1日、神戸に到着する 1月18日、新橋に到着する 1月30日－2月3日、大阪・朝日座、「洋行中の悲劇」「英国革命史」 2月8－14日、神戸・相生座、「洋行中の悲劇」「武士的教育」 2月18－26日、東京・市村座、「洋行中の悲劇」「武士的教育」 2月27日－3月1日、横浜・羽衣座 3月4日ヵ－3月下旬ヵ、京都・南座、大阪・中座 3月30日－4月2日、長崎・舞鶴座 4月6日－4月2日、讃岐丸で再び渡欧 6月4日、英国ロンドンに到着する 6月18日－7月13日ヵ、ロンドン・クライテリオン座 7月15日－8月7日、ロンドン・シャフツベリー座 11月10日、パリを出発する 12月14日ヵ、ベルリンに到着
明治35年 1902	1月18日ヵ、オランダ通過、フランクフルトに到着 2月22日、ハンガリー・ブタベストに到着する。22日－29日、ユーラニヤ座 明治34年から35年6月まで、スコットランド、ベルギー、フランス、ドイツ、スイス、オーストリア、チェコ、クロアチア、ハンガリー、ルーマニア、ロシア、イタリア、スペイン、ポルトガルと巡業 8月20日、神戸に到着 11月17日－12月8日、川上、「オセロ」上演のため台湾視察
明治36年 1903	2月11日－28日、東京・明治座、「オセロ」 2月18日、五代目尾上菊五郎死去 3月5日－4月3日、京都・歌舞伎座、神戸・大黒座、大阪・浪花座、「オセロ」 4月6日、改良座（旧川上座）焼失する

明治36年 1903	6月6日－10日、東京・明治座、「江戸城明渡」「マーチャンド・オブ・ヴェニス」（東京市養育院慈善演劇） 7月15日－、横浜・喜楽座、「マーチャンド・オブ・ヴェニス」「サフォー」 8月15日、貞の養母、浜田可免死去 9月13日、九代目市川団十郎死去 9月20日、九代目団十郎の葬儀で伊藤博文侯爵の弔文を代読 10月3日－4日、東京・本郷座、「狐の裁判」「浮れ胡弓」（我が国最初のお伽芝居） 10月31日－11月1日、東京・新富座、「狐の裁判」「浮れ胡弓」 10月、「五ヶ条の改良案」 11月2－16日、東京・本郷座、「ハムレット」 11月22・23日、東京・寿座、「狐の裁判」「浮れ胡弓」 12月12－27日、東京・宮戸座、横浜・喜楽座、東京・本郷座
明治37年 1904	1月31日、大阪・中之島公会堂、「狐の裁判」「浮れ胡弓」 2月2－16日、大阪・朝日座、「マーチャンド・オブ・ヴェニス」「サフォー」「浮れ胡弓」 3月3日、川上、戦況視察隊として韓国仁川に向け出発。4月4日帰国 4月30日、東京・本郷座にて「戦況報告演劇」を計画するも、警視庁の脚本不認可により中止 5月6日、東京・本郷座、「飛雁の射撃」「郡守の誕生」（第二戦況報告演劇）「喜劇催眠術」 8月7日、初代市川左団次死去 10月1日－11月27日、京都・明治座、神戸・大黒座、大阪・中座、「ハムレット」他 12月2－8日、博多・教楽社、「ハムレット」「浮れ胡弓」 12月10－19日、若松・朝日座、下関・稲荷座、「ハムレット」
明治38年 1905	2月4－18日、東京・明治座、「王冠」 3月6日－4月9日、大阪・中座、京都・歌舞伎座、神戸・大黒座、「王冠」他 4月17－21日、高松・歌舞伎座、「王冠」。川上、盲腸炎再発のため岡山で入院。岡山市高砂座へ乗り込む予定は延期となる

明治38年 1905	5月17日、岡山を出発し、神戸にて療養 6月2日-、和歌山・紀国座、神戸・歌舞伎座、「ハムレット」「浮れ胡弓」（川上は出演せず） 10月1-11日、名古屋・御園座、桑名・廓座、「ハムレット」 11月12-19日、熊本・東雲座、「ハムレット」
明治39年 1906	2月、坪内逍遥ら、第一次文芸協会を発足する 2月10-25日、東京・明治座、「モンナワンナ」「玉手箱」 3月、島崎藤村、『破戒』自費出版 3月6日-、神戸・大黒座、京都・明治座、大阪・中座、「モンナワンナ」「玉手箱」中座興行中、川上の盲腸炎再発する 9月23日-、名古屋・御園座、「祖国」「新オセロ」 10月6-21日、東京・明治座、「祖国」「新オセロ」 10月23-29日、京都・歌舞伎座、「祖国」「新オセロ」 11月、東京・歌舞伎座にて、坪内逍遥ら第一次文芸協会第二回公演。「ヴェニスの商人」法廷の場、「桐一葉」など 11月3日-11月下旬、大阪・中座、神戸・大黒座、「祖国」「新オセロ」 12月5日-12月下旬、和歌山・紀伊国座、岡山・高砂座、尾道・共楽社などを巡業
明治40年 1907	1月10日、角藤定憲死去 1月7日-2月上旬、岡山、広島・新地座、下関・稲荷座などを巡業 2月15-21日、博多・教楽社、「児島高徳」「祖国」「新オセロ」「鶴亀」 3月9日-4月、久留米・恵比寿座、小倉・常盤座などを巡業 5月、大阪・帝国座の工事着工 5月上旬-6月上旬、徳島、岐阜、福井などを巡業 7月27日、川上夫妻、劇場視察のため渡欧 11月、東京・本郷座にて文芸協会第二回公演。「ハムレット」「新曲浦島」

明治41年 1908	1月14日－、東京・明治座、二代目市川左団次の演劇改革、失敗する。「袈裟と盛遠」「ヴェニスの商人」 5月12日、川上夫妻、神戸に到着する 9月15日、貞奴の帝国女優養成所、開業式を行う 9月13－26日、東京・明治座、川上革新興行第一軍、「維新前後」他（二代目左団次ら） 9月13－26日、東京・本郷座、川上革新興行第二軍、「日本の恋」「啞の旅行」（川上貞奴ら） 10－11月、神戸・大黒座、川上革新興行第一軍。その後、広島・門司・大阪・京都・名古屋などを巡業 10－11月、名古屋・御園座、川上革新興行第二軍。その後、京都・神戸・広島・下関などを巡業 11月、藤沢浅二郎、「東京俳優養成所」を開設する 11月3－13日、大阪・中座、川上革新興行第一軍、「維新前後」「水滸伝」 11月21日－、大阪・中座、川上革新興行第二軍、「日本の恋」「啞の旅行」 12月2日－、東京・明治座、川上革新興行第一軍・第二軍の合併興行、「維新前後」「啞の旅行」 12月12日－、横浜・喜楽座、川上革新興行第二軍、「日本の恋」「啞の旅行」
明治42年 1909	1月27日－2月、岡山・旭座、川上革新興行第二軍、「間諜兵」「啞の旅行」 2月－、川上革新興行第二軍、長崎・鹿児島・熊本・小倉・大分を巡業 3月1日－、門司、川上革新興行第三軍（沢村訥子一座）、「細川血達摩」「阿古屋」「輝虎配膳」「高田の馬場」。その後博多・熊本を巡業 5月、第二次文芸協会附属演劇研究所開設 6月5日－、東京・明治座、川上革新興行第二軍、「間諜兵」「芸者と武士」 6月5日－、東京・本郷座、川上革新興行第四軍（尾上卯三郎一座）、「善と悪」「嵐山花五郎」 7月15日、女優養成所、帝国劇場附属技芸学校となる 8－10月、川上革新興行第二軍、函館、小樽、札幌、仙台などを巡業 10月26日、伊藤博文、ハルピンにて暗殺される 11月27・28日、東京・有楽座、自由劇場旗揚げ、「ジョン・ガブリエル・ボルクマン」 12月27日、依田学海死去

明治42年 1909	11月20日－12月10日、東京・本郷座、「楠正成」「ボンドマン」「座敷開」 12月12－19日、名古屋・御園座、「楠正成」「ボンドマン」「発明家」
明治43年 1910	1月2日－、東京・本郷座、「オセロ」「箱根の正月」。このころから舞台で銃の使用を控える 2月27・28日、大阪・帝国座開場式 3月1日－4月下旬ヵ、大阪・帝国座、京都・明治座、神戸・大黒座、「ボンドマン」他 5月7－23日、大阪・帝国座、「巴里の仇討」「児島高徳」「成功疑ひなし」 5月24日ヵ－26日ヵ、奈良・尾花座、奈良大仏寄附興行（平城遷都1200年祭）、「鶴亀」「巴里の仇討」「成功疑ひなし」 6月14日－、大阪・帝国座、「八十日間世界一周」 7月7日－、名古屋・御園座、「巴里の仇討」「成功疑ひなし」「新道成寺」。この後岐阜・金沢・富山などを巡業 10月1日－、大阪・帝国座、「新国王」「恋人形」、11月2日－、「海賊」「星世界探検」 11月23日－12月2日、博多・博多座、博多座こけら落とし興行、「巴里の仇討」「新道成寺」「成功疑ひなし」「ボンドマン」。この後門司・凱旋座
明治44年 1911	1月2－24日、東京・本郷座、「天風組」「成功疑ひなし」 2月4日－、大阪・帝国座、「椿姫」「役者ぎらひ」 3月、東京・帝国劇場落成。「帝劇女優劇」始まる 5月、東京・帝国劇場にて文芸協会「ハムレット」 5－6月初旬、一座は台湾巡業 7月1日－、大阪・帝国座、「祇王祇女」「生蕃討伐」。その後名古屋・御園座 9月8－18日、博多・明治座、「祇王祇女」「生蕃討伐」 10月中旬、大阪・帝国座、「人民の敵」準備中に川上、盲腸炎を再発 10月24日、川上、手術を受ける 11月11日、川上音二郎死去。享年47

明治44年 1911	11月18日、大阪で川上の新派合同葬が行われる 11月19日、川上の遺体は貸切列車で博多に向かい、川上家代々の菩提所万行寺から承天寺に埋葬される
大正5年 1916	5月、貞奴、帝国座を手放す 9月、高田実死去
大正6年 1917	3月、藤沢浅二郎没 9月、貞奴、引退声明 10月、東京・明治座、貞奴引退興行「アイーダ」「雲のわかれ路」 11月、博多で引退公演、つづいて九州で巡演する
大正7年 1918	11月、名古屋市東二葉町に移住、福沢桃助と同棲する
昭和21年 1946	12月7日、貞（貞奴）死去、享年75

参考文献

荒俣宏『万博とストリップ』集英社新書、二〇〇〇年
Anderson, L. Joseph, Enter A Samurai, Wheatmark, 二〇一一年
伊臣眞『観劇五十年』新陽社、一九三六年
板垣退助監修『自由党史』五車楼、一九一〇年（岩波文庫、一九五七年）
伊藤仁太郎『伊藤痴遊全集』第一三巻、平凡社、一九三〇年
井上精三『川上音二郎の生涯』葦書房、一九八五年
井上理恵『近代演劇の扉をあける　ドラマツルギーの社会学』社会評論社、一九九九年
井上理恵「日本統治で生まれた川上の演劇――「台湾鬼退治」、「オセロ」、「生蕃討伐」」『吉備国際大学社会学部研究紀要』一九号、二〇〇九年
井上理恵「川上音二郎の登場」『演劇学論集　日本演劇学会紀要』五一号、日本演劇学会、二〇一〇年
井上理恵『川上音二郎と貞奴　明治の演劇はじまる』社会評論社、二〇一五年
井上理恵『川上音二郎と貞奴Ⅱ　世界を巡演する』社会評論社、二〇一五年
井上理恵『川上音二郎と貞奴Ⅲ　ストレートプレイ登場する』社会評論社、二〇一八年
伊原青々園「川上音二郎（壮士芝居の歴史）」『新小説』一九〇二年三月
岩井眞實「芥川と演劇」『芥川文学の周辺』（芥川龍之介作品論集成　別巻）翰林書房、二〇〇一年
岩井眞實「名古屋の川上音二郎」『演劇学論集　日本演劇学会紀要』六三号、二〇一六年一一月
岩井眞實『近代博多興行史――地方から中央を照射する』文化資源社、二〇二二年
埋忠美沙「西南戦争における報道メディアとしての歌舞伎――日清戦争と対比して」『演劇学論集　日本演劇学会紀要』六二号、二〇一六年五月
江頭光『博多川上音二郎』西日本新聞社、一九九六年
江崎惇『実録川上貞奴――世界を翔た炎の女』新人物往来社、一九八五年
大阪事件研究会『大阪事件の研究』柏書房、一九八二年
大笹吉雄『日本現代演劇史　明治・大正編』白水社、一九八五年
大笹吉雄「川上一座の新演劇」『演劇の「近代」』中央大学出版部、一九九六年
大笹吉雄『劇場が演じた劇』教育出版、一九九九年
岡本綺堂『明治劇壇　ランプの下にて』岡倉書房、一九三五年（岩波文庫、一九九三年）
神山彰『忘れられた演劇』森話社、二〇一四年
神山彰『近代演劇の脈拍――その受容と心性』森話社、二

〇一一年
川上音二郎『川上音二郎欧米漫遊記』金尾文淵堂、一九〇一年
川上音二郎『川上音二郎貞奴漫遊記』金尾文淵堂、一九〇一年
川上音二郎『自伝音二郎・貞奴』（藤井宗哲編）三一書房、一九八四年
河竹登志夫『日本のハムレット』南窓社、一九七二年
河竹登志夫『近代演劇の展開』日本放送協会、一九八二年
倉田喜弘『近代劇のあけぼの——川上音二郎とその周辺』毎日新聞社、一九八一年
倉田喜弘『川上音二郎欧米公演記録』ゆまに書房、二〇二〇年
倉田喜弘・林淑姫『近代日本芸能年表』上下、ゆまに書房、二〇一三年
国立劇場近代歌舞伎年表編纂室『近代歌舞伎年表　大阪篇』全九巻一〇冊、八木書店、一九八六年－一九九四年
国立劇場近代歌舞伎年表編纂室『近代歌舞伎年表　京都篇』全一〇巻・別巻、八木書店、一九九五年－二〇〇五年
後藤隆基「川上音二郎からの手紙」『センター通信』二号、立教大学江戸川乱歩記念大衆文化研究センター、二〇〇八年
後藤隆基「川上音二郎と竹越與三郎」『大衆文化』八号、二〇一三年
小櫃万津男「中村宗十郎の演劇改良とその理念」『日本演劇学会紀要』六号、日本演劇学会、一九六四年
佐竹申伍『貞奴　炎の生涯』光風社出版、一九八四年
静間小四郎「名家真相録　静間小四郎」『演芸画報』一九〇八年一二月
篠田鉱造『幕末明治　女百話』上下、四条書房、一九三二年（岩波文庫、一九九七年）
白川宣力『川上音二郎・貞奴——新聞にみる人間像』雄松堂出版、一九八五年
白川宣力「明治期西洋種戯曲上演年表（一）」『演劇研究』一七号、早稲田大学演劇博物館、一九九四年
白川宣力「明治期西洋種戯曲上演年表（二）」『演劇研究』一八号、早稲田大学演劇博物館、一九九四年
関根黙庵『明治劇壇五十年史』玄文社、一九一八年
ダウナー、レズリー『マダム貞奴——世界に舞った芸者』集英社、二〇〇七年
竹田秋楼『日本南国物語』金文堂、一九二五年
田中栄三『明治大正新劇史資料』演劇出版社、一九六四年
坪内逍遥「近松対シェークスピア対イプセン」『劇と文学』冨山房、一九一一年
永嶺重敏『オッペケペー節と明治』文藝春秋（文春新書）、二〇一八年
長谷川時雨『近代美人伝』サイレン社、一九三六年（岩波

文庫、一九八五年）
日置貴之『明治期戦争劇集成』ＪＳＰＳ科研費報告、二〇二一年
日置貴之「日本統治時代初期台湾の歌舞伎役者たち」民族藝術学会第１５９回研究例会発表、二〇二一年三月
兵藤裕己『演じられた近代　〈国民〉の身体とパフォーマンス』岩波書店、二〇〇二年
福田英子『妾の半生涯』東京堂、一九〇四年
藤沢浅二郎「俳優志望者及大道具の話」『早稲田文学』、一九〇七年四月
パンツァ、ペーター「ドイツ、オーストリア、スイスにおける川上音二郎と貞奴」『KABUKI: CHANGES AND PROSPECTS』東京国立文化財研究所、一九九八年
松沢裕作『自由民権運動――〈デモクラシー〉の夢と挫折』岩波新書、二〇一六年
松永伍一『川上音二郎――近代劇・破天荒な夜明け』朝日選書、一九九八年
松本伸子『明治前期演劇論史』演劇出版社、一九七四年
松本伸子『明治演劇論史』演劇出版社、一九八〇年
宮岡謙二『旅芸人始末書』修道社、一九五九年
三宅周太郎『演劇五十年史』鱒書房、一九四七年
村島彩加『舞台の面影――演劇写真と役者・写真史』森話社、二〇二二年
村松梢風『川上音二郎』太平洋出版社、一九五二年（潮文庫、一九八五年）
柳永二郎『新派の六十年』河出書房、一九四八年
柳永二郎『絵番附・新派劇談』青蛙房、一九六六年
山口玲子『女優貞奴』新潮社、一九八二年（朝日文庫、一九九三年）
「甦るオッペケペー――１９００年パリ万博の川上一座」（CD）、東芝EMI、一九九七年

あとがき

本来ならば、この本は十数年前に出版されるはずだった。福岡女学院大学に奉職していたころ、ある出版社から川上音二郎の評伝を出す話をいただいた。出版社と私の間を取り持ってくださったのは、当時福岡国際大学教授であった井上洋子先生である。書く気満々でいたのだが、延び延びになってしまった。自由民権運動の演説遣いとしての川上像がいまひとつはっきりしなかったのだ。これは川上の出発点として非常に重要である。

その後、私は名古屋の名城大学に移った。名古屋市鶴舞図書館所蔵の新聞マイクロから川上の演説遣い時代の記事を見いだしたのは二〇一六年である。また立憲政党の機関紙『日本立憲政党新聞』の記事からも川上の初期の活動および自由民権運動の内実について多くを知った。その他、十数年の間に得た知見は枚挙にいとまがない。あとではっと気づいて考えを改めた事柄も少なからずある。言い訳がましいが、材料はある程度寝かせておくべきだといまは思う。

ところで二〇二二年二月、私は『近代博多興行史――地方から中央を照射する』という本を上梓した。これもそれこそ二〇年以上寝かせておいた材料である。その中に「名古屋の川上音二郎」と「博多の川上音二郎」の章をもうけた。本書は、ここから再スタートして、川上音二郎の生涯全般に至る。博多の記事が多いのはそのためだが、それが他の評伝にない本書の特徴だと自負している。

博多出身の川上には、当然だが博多に対して特別の思い入れがある。ただし、ごり押しをしたり、嘘をついたりして博多での興行にこぎつけたこともあった。郷土愛だけではない老獪な興行師としての川上の一面である。博多の川上にクローズアップすることで、逆に中央の川上についてもわかってきたことがある。

さて、私がもたもたして本書を書けずにいる間に、井上理恵氏の『川上音二郎・貞奴』三部作が出た。井上氏は、特に海外における川上の足跡を追い、現地を踏査し、新聞・雑誌を閲覧して上演記録を確認された。これは私の及ばないところである。井上氏は大学院の大先輩でもある。本書が屋上屋になる恐れのあることをことわった。「出すのは自由だけれど、私の本を越えられるの？　楽しみにしているわ」という、いかにも井上先輩らしい愛情のこもった言葉が返ってきた。越えられるなどとうぬぼれてはいない。しかし本歌取りというジャンルもある。

博多の川上音二郎は本書の重要なトピックなので、福岡・博多に出版社を求めた。さいわい、以前からおつきあいをいただいている海鳥社が出版を快諾してくださった。

川上音二郎は、歌舞伎俳優以外の出身者による新しい演劇を創出したパイオニアである。また翻案のかたちであれ、西洋を日本に紹介したのも川上だった。断片的に西洋戯曲を翻訳したり上演したりする例はあるが、これだけまとまったかたちで翻案上演を続けた人はいない。インテリから見て履き違えだろうと何だろうと、その圧倒的な質量は誰もが認めざるを得ない。

ところが、それをなかったことにする人たちがいる。カッコ付きの「新劇」の人たちである。しかし金ぴかの「新劇」というのは、小山内薫も関わった大正の築地小劇場の、そのまたあとの新協劇団と新築地にいたってかつがつ達成されるはずで、明治末から大正にかけてご立派な「新劇」が存在したわけではない。それはあとから振り返って作られた美しい回想の物語に過ぎない。逆にそうなる前の、明治末から大正にかけての混沌とした演劇界こそ、歌舞伎と新派と新劇の境界線があいまいな、まことに興味深い時代だった。そして川上は当初その中心にどっしりとあったのである。この件、本書では詳述するいとまがなかった。あらためて考え直したい。

これも詳述するいとまがなかったのでここで述べるが、川上が求めていたのは自然な演技である。そして自然な演技は「型」が生み出すものであると川上は確信していた。この考え方は間違っていない。このあとモスクワ芸術座のコンスタンチン・スタニスラフスキーが、型にとらわれない、内面からかたちを創造する演技のシステムを創り出した。それはアメリカのリー・ストラスバーグに受け継がれ、いわゆる「メソッド演技」となる。しかしこれらは俳優の一回性の爆発的な内面の表出を期待するので、どちらかというと映像のための俳優訓練法ではないだろうか。演劇では、俳優と観客の間に一期一会の関係が結ばれるからこそ、逆説的に一〇〇回演じれば一〇〇回同じことのできるシステムが必要なのだ。内面の表出の脱線は、なんらかの「型」によって制御されなければならない。川上はスタニスラフスキーもストラスバーグも知らないが、この「型」を執拗に追い求めたのだと考える。しかし観客は川上の自然な演技にさして注意を払わなかった。それは演技というものは何か非日常的誇張を含んでいると観客が考えたからだろう。歌舞伎の影響である。そしてそれは他のジャンルにも受け継がれていまにいたっていると思われる。

日本には、どうして日常の対話を再現できない俳優が多いのだろう。アニメの声優などは、日常ではけっしてあり得ない珍妙なセリフ回しをする。これは洋画の吹き替えから始まった声優という職業の消息を示すもので、同情を禁じ得ないが、それなりに理解できる。理解できないのは、実写映像でアニメ風のセリフを言う俳優、あるいは映像ではナチュラルにしゃべれるのに、舞台に立つといきなり大げさな身振りで叫びちらす俳優である。

私はロンドンで百四十数本の演劇を観たが、そんな大げさな演技をする俳優にはお目にかかったことがない。私自身も十数年、アマチュア劇団の一員として舞台に立った。下手なりに、いかに自然に演技するかということが常に私の関心事だった。最近、外国人に交じってソーントン・ワイルダーの「わが町」（英語劇）に出演した。ネイティブスピーカーの俳優たちが実に自然に英語のセリフを発していたのが印象的である。

こうなると、俳優の演技術というよりも、日本人の日常的演技、人生的演技に問題があるのではないかとさえ思われる。あるいは日本語そのものに欠陥があるのではないかと。川上音二郎ではないが、それこそ俳優教育が必要なのだ。プロになるためだけでなく、学校教育においても俳優訓練をするべきだろう。そしてプロのための俳優教育と学校教育におけるそれは、実は繋がっている。たとえばサッカーにおいて地域のクラブチームの頂点にプロがあるように。

少し饒舌になりすぎたようだ。川上音二郎に思いを致すと、どうも様々な想念が浮かんでくる。私は別に川上のファンではなく、負の部分も十分書いたつもりなのだ。この文章を書いている今日一一月一一日は、ときあたかも川上音二郎の一一一回目の命日だ。なにかとゾロ目に縁のあった川上である。せめていまぐらいは、川上にたっぷり思いを致しても罰は当たるまい。

本書をなすにあたっては、多くの方のお世話になった。井上洋子先生には不義理を通した。いま積年の負債を返済できたような気がする。井上理恵氏には直接間接にお教えを賜った。川上音二郎の末裔にあたる川上浩氏には、何度も資料を見せていただいた。二〇二二年三月に逝去された。本書をお届けできなかったのが残念でならない。冨美子夫人・御子息の晃氏は浩氏の残された資料を快く提供してくださった。最後になったが、捗らない原稿を粘り強く待ってくださった海鳥社社長の杉本雅子氏に厚く御礼申し上げる。
ありがとうございました。

二〇二三年一一月一一日　川上音二郎一一一回目の命日に記す

索引

▶あ

▶か

▶さ

▶た

▶な

▶は

▶ま

▶や

岩井眞實（いわい・まさみ）
名城大学外国語学部教授。演劇学・近世文学専攻。
早稲田大学法学部卒。早稲田大学大学院文学研究科芸術学（演劇）専攻博士課程修了。文学博士。
主な編著書
『近代博多興行史——地方から中央を照射する』（文化資源社、2022年）、『島村抱月の世界』（共著、社会評論社、2021年）、『日本の舞台芸術における身体——死と生、人形と人工体』（共著、晃洋書房、2019年）、『東アジア古典演劇の伝統と近代』（共著、勉誠出版、2019年）、『芝居小屋から——武田政子の博多演劇史』（共著、海鳥社、2018年）
*Japanese Political Theatre in the 18th Century: Bunraku Puppet Plays in Social Contex*t, Routledge, London（共著、2020年）

伝統演劇《でんとうえんげき》の破壊者《はかいしや》 川上音二郎《かわかみおとじろう》

■

2023年４月15日第１刷発行

■

著者 岩井眞實

■

発行者 杉本雅子

■

発行所有限会社海鳥社
〒812-0023福岡市博多区奈良屋町13番4号
電話092（272）0120 FAX092（272）0121
http://www.kaichosha-f.co.jp
印刷・製本 九州コンピュータ印刷
［定価は表紙カバーに表示］
ISBN 978-4-86656-145-5